초등학생이 잘못 알고 있는
오誤개념 바로잡기

거꾸로 수학 ①

글 방정숙
그림 서춘경

아울북

수학 오개념! 계속 가지고 있어도 될까요?

- 둔각삼각형의 세 각은 둔각이다.
- 짧은 직선도 있고, 긴 직선도 있다.
- 12 > 8이므로, 0.12 > 0.8이다.
- 현재 시간은 9시이다.

위의 내용은 초등학교 수학 수업을 관찰하거나 초등학생들을 면담하는 과정에서 발견한 오개념입니다. 모두 그럴 듯해 보이지만, 사실은 수학적으로 옳지 않은 생각입니다.

수학에서 개념이나 원리에 대한 올바른 이해는 아무리 강조해도 지나치지 않습니다. 특히 초등학교 수학의 경우는 후속 학습의 기초가 된다는 측면에서 더욱 그렇다고 볼 수 있습니다.

왜 오개념을 갖게 될까요?

학생들이 오개념을 가지는 이유를 몇 가지로 생각해 볼 수 있습니다.

첫째, 초등 수학의 성격 및 특성상 수학적으로 개념을 분명하게 정의하기가 어렵기 때문에 명확하지 않은 정의를 접하면서 오개념을 가질 수 있습니다.

둘째, 특정한 몇 가지 예를 지나치게 일반화해서 오개념을 가질 수 있습니다.

셋째, 학생들은 새로운 개념을 배울 때 이전에 배운 내용과 연결하기 마련인데, 그 과정에서 오개념이 발생할 수 있습니다.

넷째, 학생들의 이해를 돕기 위한 다양한 시각적 표현을 활용하기 때문에 오히려 오개념을 가질 수 있습니다.

다섯째, 일상 생활에서 사용하는 용어와 수학에서 사용하는 용어의 의미가 달라서 오개념이 발생할 수 있습니다.

여섯째, 개념 및 관련된 내용에 대한 명확한 이해가 없는 상태에서 직관에 의존하여 오개념을 가질 수 있습니다.

왜 오개념에 주목해서 책을 만들게 되었을까요?

이렇듯 다양한 원인에 의해 학생들은 많은 오개념을 가지고 있습니다. 사실 이는 수학을 학습하는 과정에서 어찌 보면 자연스러운 현상입니다. 이 책은 그동안 초등학교 학생들을 직·간접적으로 만나면서 알게 된 오개념을 바탕으로 학생들 스스로 오개념을 인식하고, 이를 극복할 수 있도록 돕고자 구상한 책입니다.

사실 초등학생을 대상으로 한 수학 교육 관련 책들이 많지만 대부분 단편적인 지식 획득, 계산 기능 향상, 사고력 신장 등의 측면에 초점을 두고 있습니다. 하지만 많은 학생들이 가지고 있는 '오개념'에 주목하여 이를 극복할 수 있도록 도와주는 책은 거의 없습니다.

이 책은 부족하나마 아직 닦여지지 않은 길을 용기를 내어 걷는 심정으로 준비한 책입니다.

이 책을 통해 어떻게 오개념을 극복할 수 있을까요?

우선 간단한 상황을 통해 오개념이 드러나게 하였고, 이와 관련된 질문을 3개 내외로 추가하였습니다. 이는 저자의 설명을 학생이 수동적으로 받아들이기보다는 먼저 주어진 상황과 제기된 질문을 통해 스스로 오개념을 인식하거나 관련된 수학 내용을 생각해 볼 수 있는 기회를 주고자 의도한 것입니다.

그런 다음 상황에 대한 설명을 통해 학생들이 관련 개념 학습에 흥미를 가지도록 유도한 후, 구체적인 예를 들어 해당 개념을 자세히 설명하였습니다.

아무쪼록 이 책을 읽는 학생들이 오개념을 극복하면서 수학 실력은 물론 수학에 대한 흥미가 조금이라도 높아지기를 기대합니다. 또한 교사와 학부모가 학생들의 사고에 기초하여 관련 개념을 가르치는 계기가 되기를 간절히 바랍니다.

이 책이 나오기까지 오개념 정리에 많은 도움을 준 이상미 선생님, 권미선 선생님께 감사의 마음을 전합니다.

2016년 4월
방 정 숙

오개념
쉽게 빠지는 오개념 주제예요.

오개념 탈출
오개념에 빠진 이유를 하나씩 집어가며 설명해줘요.

오개념에 빠지는 상황을 재미있는 이야기와 삽화를 통해 쉽게 도입하고 있어요.

아하! 개념
탈출한 오개념을 정리해요.

내가 생각하고 있는 개념이 왜 틀렸는지 스스로 질문을 던져봐요.

오개념 체크 리스트
표제어에 해당하는 간단한 체크 문항이에요.
평소에 얼마나 바른 개념을 가지고 있는지
확인함으로써 스스로 오개념을 체크해요.

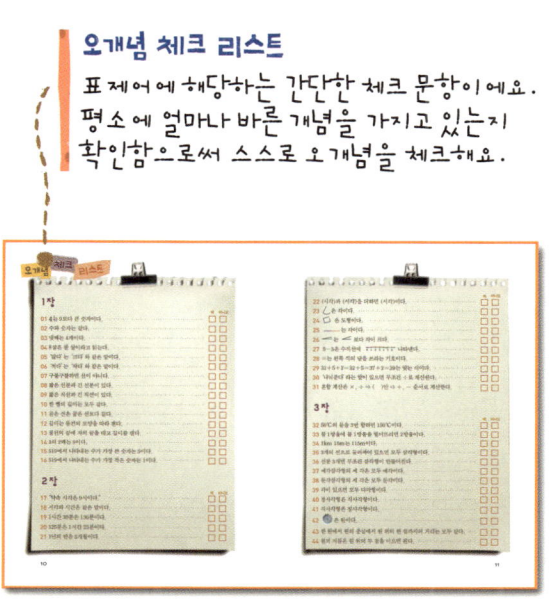

용어 찾아보기
1~4학년 교과서에 나오는 핵심 용어를 뽑아서
해당하는 페이지를 쉽고 빠르게 찾을 수 있어요.

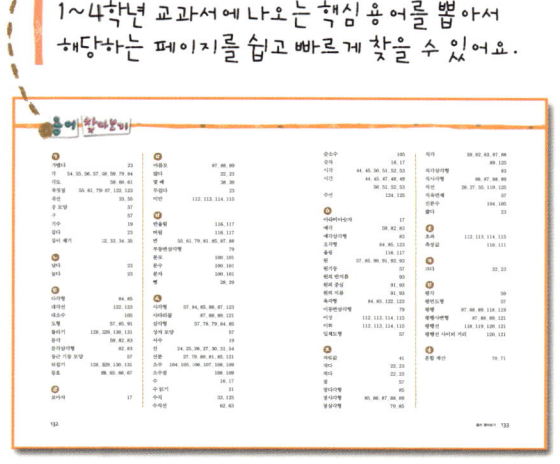

교과 관련 찾아보기
단원과 해당 오개념을 연결지어 각 단원에서
빠지기 쉬운 오개념을 한눈에 볼 수 있어요.

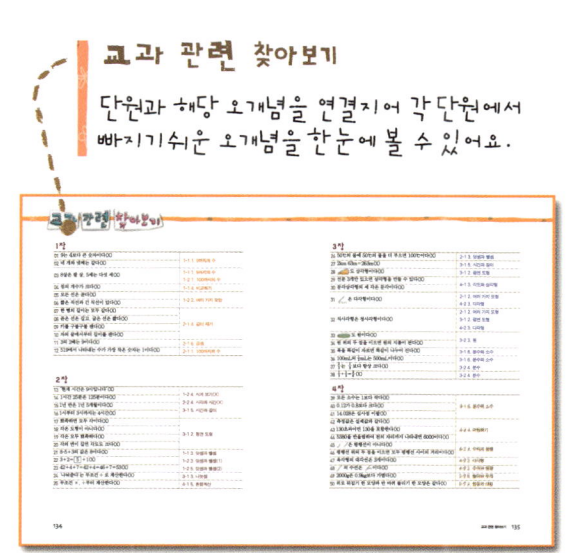

이 책의 차례

저자의 글 **2**
이 책의 구성 및 특징 **4**
오개념 체크 리스트 **10**

1장

오개념 01 | 9는 4보다 큰 숫자이다(X) **16**
오개념 02 | 네 개와 넷째는 같다(X) **18**
오개념 03 | 8살은 팔 살, 5세는 다섯 세(X) **20**
오개념 04 | 점의 개수가 크다(X) **22**
오개념 05 | 모든 선은 곧다(X) **24**
오개념 06 | 짧은 직선과 긴 직선이 있다(X) **26**
오개념 07 | 한 뼘의 길이는 모두 같다(X) **28**
오개념 08 | 곧은 선은 길고, 굽은 선은 짧다(X) **30**
오개념 09 | 키를 구불구불 잰다(X) **32**
오개념 10 | 자의 끝에서부터 길이를 잰다(X) **34**
오개념 11 | 3의 2배는 9이다(X) **38**
오개념 12 | 519에서 나타내는 수가 가장 작은 숫자는 1이다(X) **40**

2장

오개념 13 | "현재 시간은 9시입니다"(X) 44
오개념 14 | 1시간 25분은 125분이다(X) 46
오개념 15 | 1년 반은 1년 5개월이다(X) 48
오개념 16 | 1시부터 3시까지는 4시간(X) 50
오개념 17 | 뾰족하면 모두 각이다(X) 54
오개념 18 | 각은 도형이 아니다(X) 56
오개념 19 | 각은 모두 뾰족하다(X) 58
오개념 20 | 각의 변이 길면 각도도 크다(X) 60
오개념 21 | 8−5+3의 값은 8이다(X) 62
오개념 22 | 3+2=☐5☐+1(X) 64
오개념 23 | 42+4+7=42+4=46+7=53(X) 66
오개념 24 | '나눠준다'는 무조건 ÷로 계산한다(X) 68
오개념 25 | 무조건 ×, ÷부터 계산한다(X) 70

3장

오개념 26 | 50℃의 물에 50℃의 물을 더 부으면 100℃이다 (X)　**74**

오개념 27 | 2km 63m＝263m (X)　**76**

오개념 28 | ◢ 도 삼각형이다 (X)　**78**

오개념 29 | 선분 3개만 있으면 삼각형을 만들 수 있다 (X)　**80**

오개념 30 | 둔각삼각형의 세 각은 둔각이다 (X)　**82**

오개념 31 | ╱ 은 다각형이다 (X)　**84**

오개념 32 | 직사각형은 정사각형이다 (X)　**86**

오개념 33 | ⬭ 도 원이다 (X)　**90**

오개념 34 | 원 위의 두 점을 이으면 원의 지름이 된다 (X)　**92**

오개념 35 | 폭을 똑같이 자르면 똑같이 나누어 진다 (X)　**94**

오개념 36 | 1000mL의 $\frac{1}{2}$mL는 500mL이다 (X)　**96**

오개념 37 | $\frac{2}{3}$는 $\frac{1}{3}$보다 항상 크다 (X)　**98**

오개념 38 | $\frac{1}{3}+\frac{1}{3}=\frac{2}{6}$ (X)　**100**

4장

오개념 39 | 모든 소수는 1보다 작다 (X) **104**

오개념 40 | 0.12가 0.8보다 크다 (X) **106**

오개념 41 | 14.028은 십사점 이팔 (X) **108**

오개념 42 | 측정값은 실제값과 같다 (X) **110**

오개념 43 | 130초과이면 130을 포함한다 (X) **112**

오개념 44 | 5380을 반올림하여 천의 자리까지 나타내면 6000이다 (X) **116**

오개념 45 | ╱ ╱ 은 평행선이 아니다 (X) **118**

오개념 46 | 평행선 위의 두 점을 이으면 모두 평행선 사이의 거리이다 (X) **120**

오개념 47 | 육각형의 대각선은 3개이다 (X) **122**

오개념 48 | ╱ 의 수선은 ╱─ 이다 (X) **124**

오개념 49 | 2000g은 0.9kg보다 가볍다 (X) **126**

오개념 50 | 위로 뒤집기 한 모양과 반 바퀴 돌리기 한 모양은 같다 (X) **128**

용어 찾아보기 **132**
교과 관련 찾아보기 **134**

오개념 체크 리스트

1장

	예	아니오

01 4는 9보다 큰 숫자이다. ☐ ☐
02 수와 숫자는 같다. ☐ ☐
03 넷째는 4개이다. ☐ ☐
04 8살은 팔 살이라고 읽는다. ☐ ☐
05 '많다'는 '크다'와 같은 말이다. ☐ ☐
06 '적다'는 '작다'와 같은 말이다. ☐ ☐
07 구불구불하면 선이 아니다. ☐ ☐
08 짧은 선분과 긴 선분이 있다. ☐ ☐
09 짧은 직선과 긴 직선이 있다. ☐ ☐
10 한 뼘의 길이는 모두 같다. ☐ ☐
11 곧은 선은 굽은 선보다 길다. ☐ ☐
12 길이는 물건의 모양을 따라 잰다. ☐ ☐
13 물건의 끝에 자의 끝을 대고 길이를 잰다. ☐ ☐
14 3의 2배는 9이다. ☐ ☐
15 519에서 나타내는 수가 가장 큰 숫자는 5이다. ☐ ☐
16 519에서 나타내는 수가 가장 작은 숫자는 1이다. ☐ ☐

2장

	예	아니오

17 "약속 시각은 9시이다." ☐ ☐
18 시각과 시간은 같은 말이다. ☐ ☐
19 1시간 30분은 130분이다. ☐ ☐
20 125분은 1시간 25분이다. ☐ ☐
21 1년의 반은 5개월이다. ☐ ☐

| | 예 | 아니오 |

22 (시각)과 (시각)을 더하면 (시각)이다. …………………… ☐ ☐
23 ∠ 은 각이다. ……………………………………………… ☐ ☐
24 ▱ 은 도형이다. …………………………………………… ☐ ☐
25 —— 는 각이다. …………………………………………… ☐ ☐
26 ∠ 는 ∠ 보다 각이 크다. ………………………………… ☐ ☐
27 5-3은 수직선에 ⟨0 1 2 3 4 5 6⟩ 나타낸다. …………… ☐ ☐
28 =는 왼쪽 식의 답을 쓰라는 기호이다. ………………… ☐ ☐
29 32+5+2=32+5=37+2=39는 맞는 식이다. ………… ☐ ☐
30 '나눠준다' 라는 말이 있으면 무조건 ÷로 계산한다. …… ☐ ☐
31 혼합 계산은 ×, ÷ ⇨ ( )안 ⇨ +, - 순서로 계산한다. … ☐ ☐

3장

| | 예 | 아니오 |

32 50℃의 물을 3번 합하면 150℃이다. …………………… ☐ ☐
33 물 1방울에 물 1방울을 떨어뜨리면 2방울이다. ………… ☐ ☐
34 1km 15m는 115m이다. …………………………………… ☐ ☐
35 3개의 선으로 둘러싸여 있으면 모두 삼각형이다. ……… ☐ ☐
36 선분 3개면 무조건 삼각형이 만들어진다. ……………… ☐ ☐
37 예각삼각형의 세 각은 모두 예각이다. ………………… ☐ ☐
38 둔각삼각형의 세 각은 모두 둔각이다. ………………… ☐ ☐
39 각이 있으면 모두 다각형이다. ………………………… ☐ ☐
40 정사각형은 직사각형이다. ……………………………… ☐ ☐
41 직사각형은 정사각형이다. ……………………………… ☐ ☐
42 ⬤ 은 원이다. ……………………………………………… ☐ ☐
43 한 원에서 원의 중심에서 원 위의 한 점까지의 거리는 모두 같다. … ☐ ☐
44 원의 지름은 원 위의 두 점을 이으면 된다. …………… ☐ ☐

	예	아니오

45 한 원에서 원의 지름은 모두 같다. ☐ ☐
46 폭이 똑같으면 똑같이 나누어진다. ☐ ☐
47 10cm의 $\frac{1}{2}$과 10cm의 $\frac{1}{2}$cm은 같다. ☐ ☐
48 $\frac{1}{4}$은 $\frac{2}{4}$보다 항상 작다. ☐ ☐
49 분수의 덧셈은 분모끼리, 분자끼리 따로 더한다. ☐ ☐

4장

50 소수는 1보다 항상 작은 수이다. ☐ ☐
51 1.3은 소수가 아니다. ☐ ☐
52 11 > 6이므로 0.11 > 0.6이다. ☐ ☐
53 14.01은 '십사점 일'이라고 읽는다. ☐ ☐
54 14.120은 '십사점 일이영'이라고 읽는다. ☐ ☐
55 측정값은 실제값이다. ☐ ☐
56 6 초과는 6을 포함한다. ☐ ☐
57 6 이하 12 미만은 6을 포함하고, 12는 포함하지 않는다. ☐ ☐
58 253을 백의 자리까지 나타내려면 백의 자리에서 반올림한다. ☐ ☐
59 253을 십의 자리에서 반올림하면 300이다. ☐ ☐
60 ═══ 는 평행선이다. ☐ ☐
61 두 직선을 한쪽으로 끝없이 늘여서 만나지 않으면 평행이다. ☐ ☐
62 평행선 사이의 거리는 모두 같다. ☐ ☐
63 평행선 사이의 거리는 평행선 위의 두 점을 이으면 된다. ☐ ☐
64 대각선은 한 꼭짓점에서 한 개씩만 그릴 수 있다. ☐ ☐
65 삼각형은 대각선이 없다. ☐ ☐
66 어떤 직선이든 옆으로 반듯하게 그으면 수선이 된다. ☐ ☐

예 아니오

67 무조건 kg은 g보다 무겁다. ☐ ☐
68 위로 뒤집기한 모양과 반바퀴 돌리기한 모양은 항상 같다. ☐ ☐
69 글자를 뒤집기하면 항상 글자가 된다. ☐ ☐
70 글자를 돌리기하면 항상 글자가 된다. ☐ ☐

정답

1장
1. O 2. X 3. X 4. X 5. X 6. X 7. X 8. O 9. X 10. X 11. X 12. X
13. X 14. X 15. O 16. X

2장
17. O 18. X 19. X 20. X 21. X 22. X 23. X 24. O 25. O 26. X 27. X
28. X 29. X 30. X 31. X

3장
32. X 33. X 34. X 35. X 36. X 37. O 38. X 39. X 40. O 41. X 42. X
43. O 44. X 45. O 46. X 47. X 48. X 49. X

4장
50. X 51. X 52. X 53. X 54. X 55. X 56. X 57. O 58. X 59. O 60. O
61. X 62. O 63. X 64. X 65. O 66. X 67. X 68. X 69. X 70. X

오개념 01 | 9는 4보다 큰 숫자이다(X)

오개념 02 | 네 개와 넷째는 같다(X)

오개념 03 | 8살은 팔 살, 5세는 다섯 세(X)

오개념 04 | 점의 개수가 크다(X)

오개념 05 | 모든 선은 곧다(X)

오개념 06 | 짧은 직선과 긴 직선이 있다(X)

오개념 07 | 한 뼘의 길이는 모두 같다(X)

오개념 08 | 곧은 선은 길고, 굽은 선은 짧다(X)

오개념 09 | 키를 구불구불 잰다(X)

오개념 10 | 자의 끝에서부터 길이를 잰다(X)

오개념 11 | 3의 2배는 9이다(X)

오개념 12 | 519에서 나타내는 수가 가장 작은 숫자는 1이다(X)

9는 4보다 큰 숫자이다(X)

이상하다, 이상해?

- 4가 왜 9보다 큰 걸까?
- 숫자는 무엇일까? 수는 무엇일까?
- 만약 '숫자' 대신 '수'라고 말하면 어떻게 될까?

"세상에 말도 안 되는 이야기야. 4가 어떻게 8이나 9보다 더 크다는 거야? 더구나 1, 2, 3, 4, 5, 6, 7, 8, 9 중에 가장 큰 9보다 더 크다니! 9는 4보다 5나 더 큰 수인데 말이지. 이 그림은 수학을 아주 못하는 사람이 그린 그림일 거야"라고 생각할지 몰라.

하지만 이는 우리가 '수'와 '숫자'의 차이를 모르기 때문에 생기는 오개념이야. 숫자와 수의 차이를 정확하게 이해하고 있는 사람에게는 아주 당연한 이야기거든. 하지만 일상에서도 종종 숫자와 수를 혼동해서 잘못 쓰기도 해.

자! 지금부터 수와 숫자가 어떤 차이가 있는지 하나하나 살펴보기로 하자.

오개념 탈출 수와 숫자

비슷하지만 수와 숫자는 달라.

위의 그림에서 자동차, 다람쥐, 딸기는 각각 몇 개씩 있니? 자동차는 4대, 다람쥐는 4마리, 딸기는 4개가 있어. 여기서 자동차, 다람쥐, 딸기는 사물의 종류는 달라도 모두 같은 개수만큼 있어. 이렇게 개수, 양, 순서 등을 나타내는 것을 '**수**(number)'라고 해. 이런 개수나 양, 순서를 나타내는 수는 눈에 보이지 않으므로 '**숫자**(numeral)'를 사용해서 나타내는 거야. 위의 그림에서 공통적으로 나타내는 개수가 '수'이고 이를 표현한 기호가 '숫자'야.

간단히 말해서 수를 나타내는 기호가 숫자인 셈이지. 수를 나타낼 때, 우리가 흔히 사용하는 아라비아 숫자 (0, 1, 2, 3, 4, 5, 6, 7, 8, 9)를 사용할 수도 있고, 로마자(Ⅰ, Ⅱ, Ⅲ, Ⅳ, Ⅴ, Ⅵ, Ⅶ, Ⅷ, Ⅸ, Ⅹ)나 한자(一, 二, 三, 四, 五, 六, 七, 八, 九, 十) 등을 사용해 나타낼 수도 있어.

다음 중 가장 큰 수는 무엇입니까? (   )
① 9   ② 5   ③ 6   ④ 1   ⑤ 4

그렇다면 위 문제의 답은 무엇일까? ① 번이야. 교과서나 수학 문제에서는 숫자의 크기를 비교하는 것이 아니라 '수'의 크기를 비교해.

이젠 4가 맨 앞에 선 이유를 알겠지? "크기가 큰 숫자부터 차례로 줄을 서시오."라고 말했으므로, 숫자의 크기가 가장 큰 4가 제일 먼저 서게 되고, 숫자의 크기가 가장 작은 9가 가장 뒤에 서게 되는 거야. 하지만, "크기가 큰 수부터 차례로 서시오"라고 말했다면, 숫자의 크기에 상관없이 가장 큰 수인 9가 가장 먼저 서고, 가장 작은 수인 3이 가장 뒤에 섰을 거야.

아하! 개념

수는 양을 나타내고, 숫자는 수를 나타내는 기호이다.

네 개와 넷째는 같다(X)

(넷째 케이크를 먹으라고 했잖아.)

(그래서 4개 먹었잖아요.)

이상하다, 이상해?

- 엄마는 왜 화가 나신 걸까?
- 네 개와 넷째는 어떻게 다를까?
- '넷째' 대신 '네 개'라고 말하면 어떻게 될까?

"이상하네? 엄마께서 넷째 케이크를 먹으라고 하셨잖아. 그러면 첫째, 둘째, 셋째, 넷째 이렇게 모두 4개 케이크를 먹으면 되는 거 아닌가? 그런데 왜 엄마께서 화를 내시는 걸까? 혹시 엄마가 넷째가 몇 개인지 모르시는 거 아닐까?"

이렇게 생각한다면 네 개와 넷째의 차이를 잘 모르고 있는 거야. 네 개와 넷째의 차이를 정확히 알고 있었다면 케이크 4개를 모두 먹진 않았을 거야. 그리고 엄마가 화를 내시는 이유도 알 수 있겠지?

자! 지금부터 네 개와 넷째는 무엇을 나타내는지 알아보고, 둘의 차이점을 알아보자.

오개념 탈출 기수(집합수)와 서수(순서수)

같은 수라도 나타내는 뜻이 달라.

지환이네 형제자매는 지환, 진욱, 지현, 원호, 은하 이렇게 모두 다섯 명이야. 이 중 다섯째는 누구일까? 첫째는 나이가 가장 많은 원호, 둘째는 은하, 셋째는 진욱, 넷째는 지현 그리고 나이가 가장 적은 다섯째는 지환이야.

이때, '다섯'은 숫자 5로 나타내지만, '다섯 명'과 '다섯째'는 그 뜻이 달라. '다섯 명'은 지환이네 형제자매 5명을 나타내지만, '다섯째'는 지환이네 모든 형제자매 중 다섯 번째로 태어난 지환이 한 명을 말하는 거야. 이렇게 5명처럼 어떤 개수나 양을 나타내는 수를 **기수(其數)**라고 하고, 다섯째와 같이 순서를 나타내는 수를 **서수(序數)**라고 해.

지환이네 형제자매 중 은하는 나이가 많은 순서대로 하면 둘째지만 나이가 적은 순서대로(지환 → 지현 → 진욱 → 은하 → 원호)하면 넷째야. 이렇게 순서를 나타내는 서수는 무엇을 기준으로 하느냐에 따라서 지칭하는 것이 달라져.

그렇다면 "서충격 선수의 등번호는 7번"에서 7은 무슨 뜻일까? 이때, 7은 개수나 양 또는 순서를 나타내는 것이 아니라 서충격 선수를 다른 선수와 구별하기 위한 기호 역할을 해.

이렇게 수는 사용하는 방법에 따라 여러 가지 뜻을 나타내.

이젠 엄마가 왜 화를 내신 지 알 수 있겠지? 엄마께서 "넷째 케이크를 먹어라". 라고 말씀하셨어. 그러므로 윤호는 네 번째에 있는 초코 케이크 하나만을 먹었어야 했어.

아하! 개념

네 개는 양을 나타내고, 넷째는 순서를 나타낸다.

3 8살은 팔 살, 5세는 다섯 세(X)

이상하다, 이상해?

- 왜 엄마, 아빠께서 민망해하실까?
- 8살과 5세는 어떻게 읽을까?
- 어느 때 '팔'이라고 읽고, 어느 때 '여덟'이라고 읽을까?

"왜 엄마, 아빠께서 민망해하시는 걸까? 8은 '팔' 또는 '여덟', 42는 '사십이' 또는 '마흔 둘', 36은 '삼십육' 또는 '서른 여섯', 5는 '오' 또는 '다섯'이라고 읽잖아. 그러니까 팔 살, 사십이 살, 삼십육 살이라고 읽어도 되고, 여덟 살, 마흔둘 살, 서른여섯 살이라고 읽어도 되는 거 아니야? 마찬가지로 5세는 오 세 또는 다섯 세라고 읽어도 되는 거 아닌가?"

이렇게 생각했다면 상황에 따라 수를 읽는 방법이 다르다는 걸 알지 못하고 있는 거야. 수와 단위를 함께 읽을 때는 상황에 따라 수를 읽는 방법이 달라지거든.

자! 지금부터 수와 단위를 함께 읽을 때 수를 읽는 방법이 어떻게 달라지는지 여러 가지 상황을 통해 알아보자.

오개념 탈출 수 읽기

상황에 따라 수를 읽는 방법이 달라.

숫자 3은 '삼' 또는 '셋'이라고 읽어. 그럼 과자 3개, 1학년 3반, 3층 건물, 3킬로그램은 어떻게 읽을까? 바로 과자 세 개, 일 학년 삼 반, 삼 층 건물, 삼 킬로그램이라고 읽어. 이렇게 같은 수라도 나타내는 의미에 따라서 읽는 방법이 달라.

과자 3개처럼 개수나 횟수 등을 나타낼 때와 순우리말 단위가 붙을 경우는 수를 "하나(한), 둘(두), 셋(세), 넷(네), 다섯, …"이라고 읽어.

또 몇 반, 건물의 층수, 고양이의 무게처럼 수의 차례나 번호, 측정한 값(cm, g, mL 등의 단위가 붙을 때)을 나타낼 때와 한자어의 단위가 붙을 경우는 수를 "일, 이, 삼, 사, 오, …"라고 읽어.

위의 규칙에 맞게 아래 내용을 읽어 보자.

- 물고기 1마리 ➡ 물고기 한 마리
- 장미 2송이 ➡ 장미 두 송이
- 자동차 3대 ➡ 자동차 세 대
- 동화책 4권 ➡ 동화책 네 권

- 1년 동안 ➡ 일 년 동안
- 나는 2학년 ➡ 나는 이 학년
- 3회 운동회 ➡ 삼 회 운동회
- 키가 4cm ➡ 키가 사 센티미터

예를 들어 "동화책 15쪽을 읽었어"에서 15쪽은 "십오 쪽"과 "열다섯 쪽"으로 읽을 수 있어. 하지만 이때 15쪽이 나타내는 것은 달라. "십오 쪽"은 순서를 나타내므로 15쪽 한 쪽을 읽는 것이고, "열다섯 쪽"은 양에 해당하므로 1쪽부터 15쪽까지를 모두 읽었다는 뜻이야. 그러니까 수를 정확히 읽는 것은 아주 중요해.

이젠 엄마, 아빠께서 왜 민망해하시는지 알 수 있겠지? '살'은 나이를 나타내는 순우리말이고, 세(歲)는 한자어야. 따라서 8살은 '여덟 살', 5세는 '오 세'라고 읽었어야 했어.

아하! 개념

8살은 '여덟 살', 5세는 '오 세'라고 읽는다.

4 점의 개수가 크다(X)

이상하다, 이상해?

- 실제 선생님 모습과 엄마가 생각하시는 선생님 모습이 왜 다를까?
- '많다' 대신 '크다'라고 할 수 있을까?
- '적다' 대신 '작다'라고 할 수 있을까?

"선생님 얼굴에 점이 많으니까 점이 '크다'라고 말했는데, 왜 엄마가 상상하는 선생님의 모습과 실제 선생님의 모습이 다른 걸까? 당연히 많은 것은 큰 것이고, 적은 것은 작은 것이 아닌가?"라고 생각할지 몰라.

하지만 우리가 어느 때에 '많다', '적다'로 나타내는지 또는 '크다', '작다'로 나타내는지 분명히 알지 못하기 때문에 선생님 모습이 다른 거야. 일상생활에서 '많다' 대신 '크다'라는 말을 사용하거나, '적다' 대신 '작다'라는 말을 혼동해서 사용하는 경우가 있어.

자! 지금부터 '많다'와 '크다', '적다'와 '작다'의 차이점을 알아보고, 각각 어떤 상황에서 사용하는지 알아보자.

오개념 탈출 '많다'와 '크다', '적다'와 '작다'

'많다'와 '크다', '적다'와 '작다'는 사용하는 때가 달라.

원숭이와 코끼리의 수를 비교해 보자. 원숭이는 4마리이고, 코끼리는 3마리야. 따라서 "원숭이는 코끼리보다 많다." 또는 "코끼리는 원숭이보다 적다"라고 해.

이번에는 원숭이 1마리와 코끼리 1마리의 크기를 비교해 보자. "원숭이는 코끼리보다 작다" 또는 "코끼리는 원숭이보다 크다"라고 해.

이렇게 양을 나타낼 때는 '많다', '적다' 라는 말을 사용하고, 크기를 나타낼 때는 '크다', '작다' 라는 말을 사용해.

이젠 엄마가 상상한 선생님 모습과 실제 선생님 모습이 왜 다른지 알 수 있겠지? 선생님 얼굴에 작은 점의 개수가 많으므로 "선생님 얼굴에 점이 많다"라고 말을 했어야 해.

길이와 높이, 무게를 비교하는 말을 알아보자.

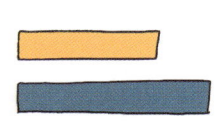   

"노랑 테이프는 짧고, 파랑 테이프는 길다"처럼 길이를 비교할 때는 '길다', '짧다' 라는 말을 사용해.

"높은 빌딩", "낮은 빌딩"처럼 높이를 비교할 때는 '높다', '낮다' 라는 말을 사용해.

"하마는 무겁고, 기린은 가볍다"처럼 무게를 비교할 때는 '무겁다', '가볍다' 라는 말을 사용해.

아하! 개념

양을 비교할 때는 '많다'와 '적다'
크기를 비교할 때는 '크다'와 '작다'

5 모든 선은 곧다(X)

이상하다, 이상해?

- 왜 파란 코가 항의를 하는 걸까?
- 선은 모두 곧을까?
- 구불구불해도 선일까?

"이상하다? 자를 이용해서 곧게 긋는 것이 선이잖아. 이렇게 그은 선은 구불거리지 않고, 아주 곧잖아. 그런데 산타 할아버지는 왜 구불구불하게 그은 빨간 코도 선을 그었다고 하시는 걸까? 혹시 산타 할아버지가 선을 어떻게 그리는지 모르시는 것이 아닐까?"

이렇게 생각하고 있다면 선에 대해 잘 모르고 있는 거야. 산타 할아버지는 선이 무엇인지 정확히 알고 계셔. 선은 자를 이용해서 그은 것처럼 곧은 것만 있는 것이 아니거든.

자! 지금부터 선의 뜻을 정확히 알아보고, 곧은 선이 아닌 구불구불한 선을 뭐라고 하는지 알아보자. 그리고 우리 주변에 있는 여러 가지 선을 찾아보자.

오개념탈출 곧은 선과 굽은 선

선은 곧은 선과 굽은 선이 있어.

스프링, 가로등의 기둥, 타이어를 따라 줄을 그으면 스프링과 타이어는 구불구불하게, 가로등의 기둥은 곧게 그어져. 이렇게 그은 줄은 모두 선이야.

가로등의 기둥을 따라 곧게 그은 선을 '**곧은 선**'이라고 하고, 스프링과 타이어를 따라 구불구불하게 그은 선을 '**굽은 선**'이라고 해. 이처럼 선에는 곧은 선만 있는 것이 아니야.

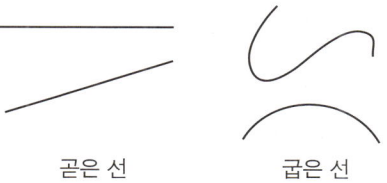

곧은 선과 굽은 선은 우리 주변에서 쉽게 찾아볼 수 있어. 연필, 책, 형광등, 시소 등을 따라 선을 그으면 곧은 선이 그어져. 그리고 시계, 컵, 라면, 어항 등을 따라 선을 그으면 구불구불 굽은 선이 그어져.

이젠 파란 코가 어떤 잘못된 개념을 갖고 있는지 알겠지? 바로 굽은 선도 선이라는 걸 몰랐던 거야. 파란 코는 자를 대고 그은 것 같은 곧은 선을 그은 거고, 빨간 코는 구불구불한 곡선을 그은 거야. 그러니까 빨간 코 역시 결승에 진출할 수 있는 건 아주 당연한 거겠지?

아하! 개념

곧은 선과 굽은 선 모두 선이다.

6 짧은 직선과 긴 직선이 있다(X)

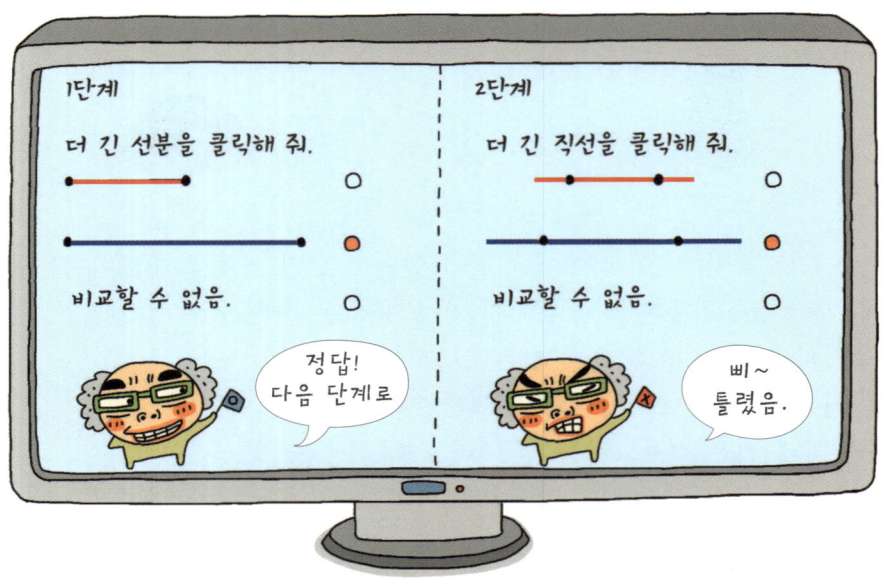

이상하다, 이상해?

- 왜 2단계의 답이 틀린 걸까?
- 짧은 직선이 얼마나 더 길어져야 긴 직선이 될까?
- 짧은 직선과 긴 직선이 있을까?

"컴퓨터에 이상이 있나 봐. 선분은 파란색이 빨간색보다 길다고 클릭했더니 다음 단계로 넘어갔잖아. 그리고 파란색 선분을 양쪽으로 늘인 직선이 빨간색 선분을 양쪽으로 늘인 직선보다 더 길잖아. 그런데 왜 다음 단계로 넘어가지 않는 걸까? 혹시 컴퓨터가 고장이 난 건 아닐까?"

컴퓨터는 아무 문제없어. 이는 직선에 대해 잘 모르고 있는 거야. 직선의 뜻을 정확히 알면, 답을 금세 알 수 있을 거야.

자! 지금부터 직선의 뜻을 정확히 알아보고, 어느 직선이 짧고 긴지 아니면 비교할 수 없는 건지 알아보자.

오개념 탈출 - 선분과 직선

선분을 끝없이 늘이면 직선이 돼.

두 점을 곧게 이은 선을 '**선분**'이라고 하고, 점 ㄱ과 점 ㄴ을 곧게 이는 선을 '선분 ㄱㄴ'이라고 읽어. 이때, 선분의 양쪽을 끝없이 늘인 곧은 선을 '**직선**'이라고 해. 그리고 선분 ㄱㄴ을 끝없이 양쪽으로 이은 직선을 '직선 ㄱㄴ'이라고 읽어.

그럼 선분과 직선의 다른 점은 무엇일까? 위에서 보는 것과 같이 선분은 점 ㄱ에서 시작해서 점 ㄴ에서 끝나. 그러므로 선분은 그 길이를 잴 수 있어. 하지만 직선은 시작과 끝이 없어. 우리가 종이 위에 그은 직선은 양쪽으로 끝없이 늘인 선을 "끝까지" 그을 수 없기 때문에 일부만 나타낸 것뿐이거든.

직선은 길이를 비교할 수 없어.

그렇다면 위의 왼쪽 직선 ㄷㄹ과 직선 ㅁㅂ 중 어느 직선이 더 길까? 흔히 직선 ㅁㅂ이 더 길다고 생각해. 하지만 직선은 선분을 끝없이 늘인 거야. 즉 왼쪽은 직선 ㄷㄹ과 직선 ㅁㅂ의 일부만 종이 위에 그린 거야. 따라서 오른쪽처럼 나타내면 직선 ㄷㄹ이 더 길어 보여. 이렇게 직선은 끝없이 계속 늘어날 수 있는 것이므로 어느 직선이 더 길고, 더 짧다고 할 수 없어.

이젠 왜 2단계에서 답이 틀렸는지 알 수 있겠지? 선분은 길고 짧음을 비교할 수 있지만, 직선은 길고 짧음을 비교할 수 없기 때문이야. 즉 긴 직선, 짧은 직선이라는 말이 있을 수가 없어. 따라서 답은 "비교할 수 없음"이야.

아하! 개념

직선은 길이를 비교할 수 없으므로 긴 직선, 짧은 직선은 없다.

7 한 뼘의 길이는 모두 같다(X)

이상하다, 이상해?

- 현주의 머리 길이가 왜이렇게 많이 짧아졌을까?
- 현주의 한 뼘은 미용사의 한 뼘과 같을까?
- 현주가 원하는 만큼만 자르려면 어떻게 해야 할까?

"현주는 한 뼘만 잘라 달라고 했고, 미용사는 정확히 한 뼘을 잘랐어. 두 사람 모두 한 뼘이라고 했으니까 잘린 머리카락의 길이도 같아야 하는 거 아닐까? 그런데 왜 현주의 머리 길이가 현주가 생각했던 것보다 훨씬 짧아진 걸까? 혹시 미용사가 길이를 잘못 자른 건 아닐까?"

이는 현주의 키와 미용사의 키가 다르듯이 현주의 한 뼘과 미용사의 한 뼘의 길이가 다르기 때문이야. 아마 한 뼘의 길이가 똑같이 같은 사람은 찾기 힘들 거야. 그렇다면 현주는 자신이 자르고 싶은 머리 길이를 어떻게 말해야 할까?

자! 지금부터 누구나 똑같이 사용하고 있는 길이에 대해 알아보자.

오개념 탈출 길이 측정

신체의 길이는 사람마다 달라.

　길이를 잴 때 자가 없으면 어떻게 해야 할까? 옛날 사람들은 자가 없어도 신체의 일부인 손이나 발등을 이용해서 길이를 재었지.

　'뼘'은 손가락을 최대로 벌렸을 때 엄지손가락에서부터 다른손가락의 거리를 말해.

　이젠 현주의 머리 길이가 왜 많이 짧아졌는지 알 수 있겠지? 오른쪽 그림에서 보는 것과 같이 미용사의 한 뼘이 현주의 한 뼘보다 훨씬 길어. 그러니까 현주가 원하는 만큼만 머리를 자르려면 현주의 손으로 한 뼘만큼을 잘라달라고 했어야 해.

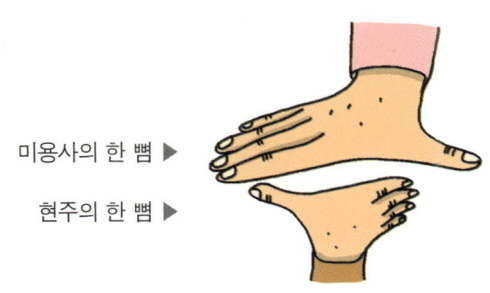

▶ 미용사의 한 뼘
▶ 현주의 한 뼘

　이런 경우는 생활 속 여러 곳에서 찾아볼 수 있어.

　예를 들어 친구들과 피구 경기를 하려고 운동장에 경기장 선을 긋는 경우가 있을 거야. 이럴 때는 '걸음'을 이용해 길이를 정하곤 하는데 여러 명의 친구들이 걸음을 재어 길이를 재면 경기장이 삐뚤게 그려지는 경우가 있어. 이 역시 사람마다 걸음의 길이가 다르기 때문이야.

　이렇게 신체를 이용해 재는 길이는 사람에 따라 달라서 누구나 길이를 똑같이 잴 수 있는 방법을 찾게 됐어. 그래서 누가 재더라도 똑같은 공통 단위인 km, m, cm, mm와 같은 길이의 단위가 생겨나게 된 거야.

아하! 개념

한 뼘처럼 임의의 길이 단위는 사람마다 다르다.

8 곧은 선은 길고, 굽은 선은 짧다(X)

이상하다. 이상해?

- 왜 목도리 길이가 모두 같다고 했을까?
- 구불거리는 목도리와 곧은 목도리 길이는 어떻게 비교할까?

"목도리 장수 아저씨는 거짓말쟁이야. 한 눈에 보기에도 초록색 목도리가 가장 긴데 무슨 소릴 하는 거야. 바로 들통날 거짓말을 눈도 깜짝하지 않고 하고 있다니! 거짓말쟁이 아저씨한테 목도리를 살 순 없어."라고 생각할 수도 있어.

이는 곧은 선과 굽은 선의 길이의 비교를 잘못해서 생긴 오개념이야.

곧은 선과 굽은 선의 길이 비교하는 방법을 알면 목도리 장수 아저씨는 거짓말쟁이가 아니라 아주 정직한 목도리 장수 아저씨임을 알 수 있을 거야.

자! 지금부터 곧은 선과 굽은 선의 길이를 어떻게 비교하는 지 알아보자.

곧은 선과 굽은 선의 길이를 비교하는 방법이 일상 생활에서 사용되는 경우도 살펴보자.

오개념 탈출 길이 비교하기

굽은 선은 펴서 길이를 비교해.

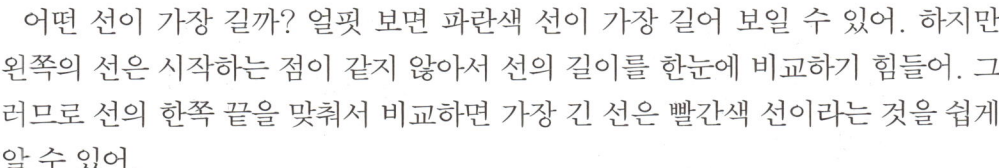

어떤 선이 가장 길까? 얼핏 보면 파란색 선이 가장 길어 보일 수 있어. 하지만 왼쪽의 선은 시작하는 점이 같지 않아서 선의 길이를 한눈에 비교하기 힘들어. 그러므로 선의 한쪽 끝을 맞춰서 비교하면 가장 긴 선은 빨간색 선이라는 것을 쉽게 알 수 있어.

그럼 굽은 선과 곧은 선은 어떻게 비교할까? 먼저, 곧은 선끼리 비교했던 것과 마찬가지로 한쪽 끝을 맞춰. 그런 다음 굽은 선을 곧은 선이 되게 곧게 펴서 길이를 비교하면 돼. 그럼 노란색 선이 가장 길고, 분홍색 선이 가장 짧다는 걸 알 수 있어.

이젠 아저씨가 거짓말쟁이가 아닌 걸 알 수 있겠지? 앞의 목도리의 길이를 오른쪽과 같은 방법으로 비교해 보면, 그 길이가 모두 같음을 알 수 있어.

이런 굽은 선의 길이 비교를 활용하는 경우를 찾아볼 수 있어. 400m 달리기에서 선수들의 출발하는 위치가 모두 다른 것을 본 적이 있을 거야. 하지만 실제 곡선 트랙을 곧게 펴서 거리를 비교하면, 모든 선수가 같은 거리를 달린다는 것을 알 수 있어.

아하! 개념

굽은 선을 펼쳐서 길이를 비교한다.

키를 구불구불 잰다(X)

이상하다. 이상해?

- 정말 지우의 키가 줄어든 걸까?
- 동생은 키를 어떻게 재었을까?
- 학교에서는 키를 어떻게 재었을까?

"키가 줄어들 수도 있나? 더군다나 동생이 잰 것보다 11cm나 줄어 든다는 건 일어날 수 없는 일이야. 이렇게 키가 줄어든다면 지우는 일주일 후에는 난쟁이가 되어 버릴 거야. 동생과 선생님이 키를 재었을 때 왜 차이가 나는 걸까? 동생이 키를 잴 때 지우가 까치발을 든 것도 아니고, 선생님이 키를 잴 때 지우가 다리를 구부린 것도 아니잖아. 그리고 둘 다 머리끝에서부터 발끝까지 키를 재었는데 왜 차이가 나는 거지?"

이는 길이를 재는 방법이 잘못되었기 때문이야.

자! 지금부터 물건의 길이를 자로 재는 방법을 알아보고, 동생과 선생님 중 누구의 방법이 잘못되었는지 살펴보기로 하자.

오개념 탈출 길이 재기 1

길이는 한쪽 끝에서 다른 한쪽 끝까지 수직으로 재.

기준이는 항아리의 높이를 항아리의 곡선에 따라 재었고, 우림이는 위에서부터 밑까지 수직으로 재었어. 누가 항아리의 높이를 맞게 잰 걸까? 항아리의 높이는 우림이가 잰 것처럼 위에서부터 밑까지 수직이 되게 재어야 하는 거야. 만약 길이를 그렇게 재지 않는다면, 같은 물건이라도 재는 사람에 따라 그 길이가 다르게 나올 수 있어.

수직 두 직선이 이루는 각이 직각일때 두 직선 사이의 관계

멀리뛰기를 한 거리를 재어 보자.

그럼 멀리뛰기를 한 거리는 어떻게 잴까? 이것 역시 멀리뛰기를 시작한 곳에서부터 발이 닿은 곳까지 수직이 되게 줄자를 옮긴 다음 그 길이를 재어야 해.

이젠 지우의 키가 줄어든 게 아니라는 것을 알 수 있을 거야. 동생이 키를 머리끝에서부터 발끝까지 재긴 했지만 키를 재는 방법을 잘 몰라서 몸의 굴곡에 따라서 구불구불하게 쟀기 때문에 11cm나 더 크게 나온 거야. 따라서 지우의 키는 머리 끝에서부터 발 끝까지 수직으로 잰 120cm야.

아하! 개념

길이를 잴 때는 물건의 한쪽 끝에서 다른 쪽 끝까지 수직이 되게 잰다.

키를 구불구불 잰다 (X)

자의 끝에서부터 길이를 잰다(X)

이상하다, 이상해?

- 왜 문이 더 작은 걸까?
- 길이를 정확히 재려면, 어떻게 해야 할까?

"어디를 잘못 잰 것일까? 분명 길이를 재는 방법을 하나하나 따져서 정확히 재었는데 말이야. 그럼 길이를 재는 방법을 하나씩 살펴볼까? 먼저 줄자를 구불거리지 않게 곧게 폈고, 중간부터 재지 않고, 위에서부터 바닥까지 정확하게 수직이 되게 재었어. 도대체 어디가 잘못된 거지? 그 사이 문틀이 커진 것도 아니고 말이야."

이는 자를 이용하여 길이를 재는 경우에 흔히 일어나는 일 중에 하나야. 즉 줄자나 자로 길이를 재는 방법을 정확히 모르기 때문이지.

자! 지금부터 자로 길이를 어떻게 재는지 알아보자. 또 각도기로 각의 크기를 재는 방법도 함께 알아보기로 하자.

오개념 탈출 길이 재기 2

눈금 '0'에 물건의 끝을 두고 길이를 잰다.

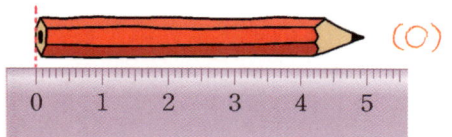 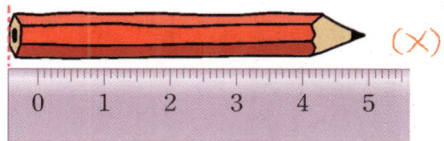

위의 두 길이를 재는 방법은 어떤 차이가 있니? 왼쪽은 연필의 한쪽 끝을 자의 눈금 0에 두고 길이를 재었고, 오른쪽은 연필의 한쪽 끝을 자의 끝에 두고 길이를 쟀어. 둘 중 어떤 방법이 옳은 걸까?

자는 세계의 어떤 자든지 눈금과 눈금 사이의 길이는 같아. 하지만 자마다 0이 시작하는 곳은 같지 않을 수 있어. 따라서 자의 끝에 대고 물건의 길이를 재면, 자마다 물건의 길이가 달라지겠지? 그러므로 자로 물건의 길이를 잴 때는 물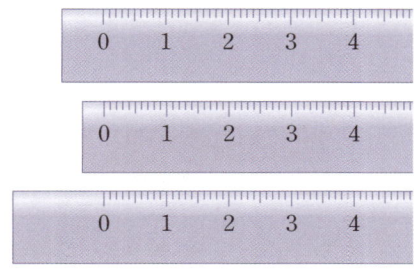건의 한쪽 끝을 자의 눈금 0에 대고, 다른 한쪽의 눈금을 읽으면 돼. 따라서 위의 왼쪽처럼 연필의 길이를 재는 것이 올바른 방법이야.

이젠 문틀보다 더 작은 문이 만들어진 이유를 알 수 있겠지? 목수 아저씨가 줄자로 길이를 재는 모습을 잘 봐. 어때? 자의 끝을 '0'에 두지 않고, 줄자의 끝에 두고 길이를 재어서 문 크기가 더 작아진 거야.

각도를 잴 때도 '0'부터 시작한다.

이렇게 0을 시작점으로 하는 것은 길이뿐 아니라, 각도기로 각의 크기를 잴 때도 마찬가지야.

각도기로 각의 크기를 잴 때에도 각의 한 변을 각도기의 '0'에 잘 맞추어서 재어야 해. 그렇지 않으면 정확한 각도를 잴 수 없어.

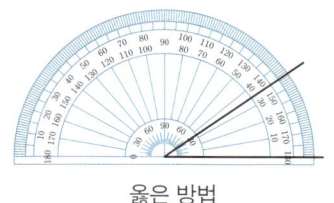 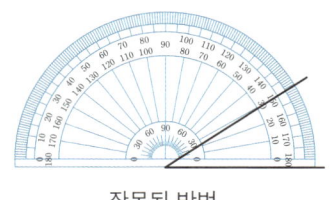

옳은 방법   잘못된 방법

눈금이 지워진 자로 길이를 재는 방법

눈금 '0'이 지워지면 길이를 잴 수 없는 걸까?
만약 자가 낡아서 눈금 '0'이 보이지 않는 경우에는 어떻게 길이를 재어야 할까?
이때는 시작하는 눈금을 지워지지 않은 눈금에 두면 돼. 그럼 아래 색연필의 길이는 몇 cm일까?

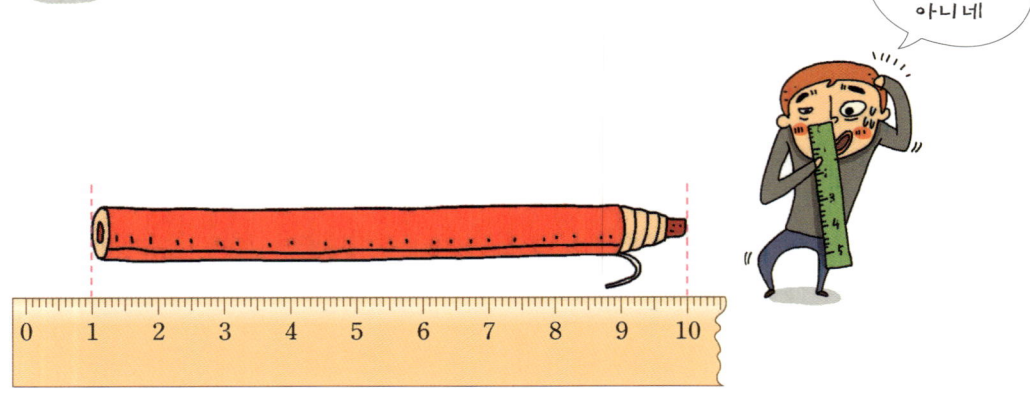

색연필의 오른쪽 끝이 닿은 눈금을 읽어서 10cm라고 대답하면 안 돼. 왜냐 하면 색연필의 왼쪽 끝을 눈금 '0'에서부터 시작하지 않았기 때문이야. 이렇게 눈금을 '0'에서부터 시작하지 않았을 경우에는 시작한 눈금에서 물건의 다른 한쪽 끝이 닿는 곳까지 1cm 간격의 눈금의 수를 세면 돼. 따라서 색연필의 길이는 1에서부터 10까지 1cm의 간격이 9칸이므로 9cm가 돼.

그럼, 다음 크레파스의 길이는 몇 cm일까?

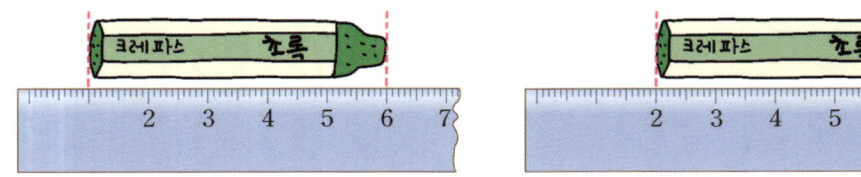

그런데 왼쪽처럼 처음 시작하는 눈금을 숫자가 쓰여져 있지 않은 곳에 맞추면, 1cm의 간격을 세기 힘들어. 따라서 눈금이 지워진 자로 길이를 잴 때는 1, 2, 3, …처럼 숫자가 쓰인 눈금에서 시작하는 것이 좋아.
그러므로 크레파스의 길이는 2부터 7까지 1cm간격이 모두 5칸이므로 5cm야.

자의 작은 눈금 1칸의 길이는 1mm야.

지금까지 자를 읽는 방법을 알아보았어. 그런데 지금까지는 1cm, 2cm 등 숫자가 쓰여 있는 단위로 길이를 쟀어. 그럼 자에 0cm와 1cm 사이에 있는 작은 눈금 한 칸의 길이는 얼마나 될까? 자를 자세히 살펴봐. 자의 1cm는 모두 10칸으로 나눠져 있어. 이 작은 눈금 한 칸을 '**1mm(일 밀리미터)**'라고 해. 즉 1cm는 1mm가 10개가 모인 길이야.

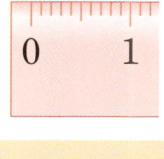

1cm=10mm

모든 자의 작은 눈금 1칸이 1mm는 아니야.

그럼 아래 그림에서 클립의 길이는 몇 cm일까?

얼핏 보면 두 클립의 길이가 모두 2cm 3mm처럼 보여. 하지만 노란색 클립의

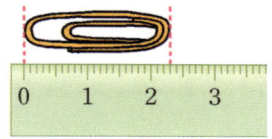 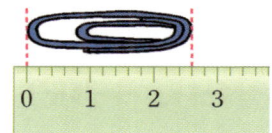

길이는 2cm 3mm이지만, 파란색 클립의 길이는 2cm 3mm가 아니야. 왜 그럴까?

먼저 노란색 클립을 잰 자의 1cm와 2cm 사이의 간격을 세어봐. 모두 10칸으로 나눠져 있어. 그런데 파란색 클립을 잰 자는 1cm와 2cm 사이의 간격이 5칸으로 나눠져 있어. 즉 노란색 클립을 잰 자는 작은 눈금 1칸의 길이가 1mm이고, 파란색 클립을 잰 자의 작은 눈금 1칸은 2mm야. 따라서 노란색 클립은 2cm에서 작은 눈금 3칸을 더 갔으므로 2cm 3mm(2.3cm)이고, 파란색 클립은 2cm에서 작은 눈금 3칸을 더 갔으므로 2cm 6mm(2.6cm)가 되는 거야.

아하! 개념

- 자의 눈금이 '0'인 곳에 물건의 한쪽 끝을 맞추어 길이를 잰다.
- '0'이 아닌 곳부터 길이를 재면, 눈금의 칸 수를 센다.
- 자의 눈금 한 칸이 나타내는 길이를 살펴보고, 눈금을 읽는다.

11 3의 2배는 9이다(X)

이상하다, 이상해?

- 스파이더 걸은 스파이더 맨보다 몇 배 더 높은 층에 있을까?
- 3의 2배는 몇일까?
- 9는 3의 몇 배일까?

"이상하네? 스파이더 맨은 지금 3층에 있고, 3층씩 2번 더 올라가면 9층 그러니깐 3의 2배는 9층이 맞잖아. 그런데 3의 2배는 3×2=6이 되므로 6층이어야 하는 데. 위 그림으로 보면, 9층이 정확히 맞는데? 아~ 헷갈린다. 헷갈려. 9층이 맞는 걸까? 6층이 맞는 걸까?"

이처럼 3층의 2배가 9층인지 6층인지 헷갈린다면 이는 몇 배라는 뜻을 정확히 이해하지 못하고 있다는 증거야. 몇 배의 뜻을 정확히 이해한다면 전혀 헷갈리지 않는 문제거든.

자! 지금부터 '몇 배'의 뜻을 정확히 알아보고, 스파이더 걸이 스파이더 맨보다 몇 배 높은 층에 있는지 알아보자.

오개념 탈출 몇 배

'몇 배'는 처음 수를 몇 배만큼 더하는 것을 말해.

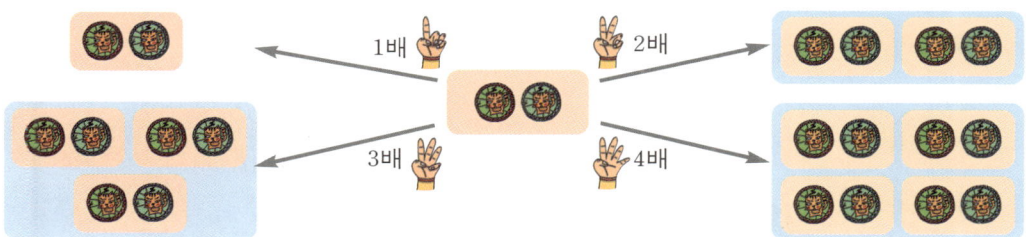

딱지 2개의 1배는 딱지 2개, 2배는 딱지 2개를 두 번 합한 것, 3배는 딱지 2개를 세 번 합한 것을 말해. 즉 딱지 2개의 1배는 2개, 2배는 4개, 3배는 6개야. 즉 몇 배를 한다는 건 처음 가진 수를 몇 배만큼 더하는 걸 말해.

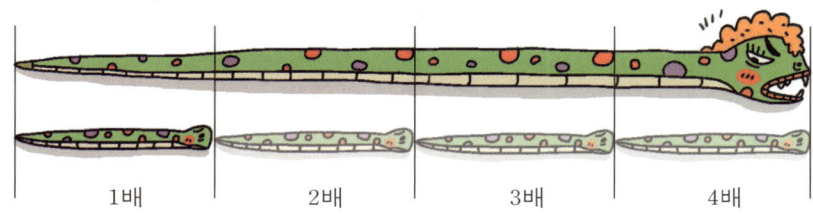

위의 엄마 뱀의 길이는 아기 뱀의 길이의 몇 배일까? 3배일까? 4배일까?

엄마 뱀의 길이는 아기 뱀의 길이를 4번 더한 것과 같아. 따라서 엄마 뱀의 길이는 아기 뱀의 길이의 4배와 같다고 할 수 있어.

이젠 스파이더 걸이 있는 층수가 스파이더 맨이 있는 층수의 몇 배인지 알 수 있겠지?

스파이더 맨은 자신이 현재 있는 3층을 더하지 않았기 때문에 계산이 틀린 거야.

즉 3+3+3=9이므로 9층은 3층의 2배가 아니라 3배가 되는 거야.

아하! 개념

3의 2배는 6이고, 3의 3배는 9이다.

519에서 나타내는 수가 가장 작은 숫자는 1이다(X)

이상하다, 이상해?

- 왜 가장 작은 숫자인 1을 눌렀는데 삐~ 소리가 나는 걸까?
- 나타내는 수는 무엇을 뜻하는 걸까?

"어? 로봇이 고장 났나 봐. 수를 순서대로 나타내면 1, 2, 3, 4, … 이니까 가장 작은 수는 당연히 1이잖아. 그런데 로봇의 화면에 나타난 숫자는 5, 1, 9 뿐인데? 그럼 당연히 1이 가장 작지. 로봇을 당장 수리 센터에 가져가야겠어."

과연 로봇이 고장 난 걸까? 로봇 화면의 글을 잘 읽어 봐. "나타내는 수"가 가장 작다고 했잖아. 나타내는 수가 무엇을 말하는지 알고 있다면 쉽게 해결돼. 아무리 작은 숫자라도 놓인 자리에 따라 나타내는 수가 달라지거든.

자! 지금부터 나타내는 수, 즉 자릿값이 무엇인지 알아보고, 자릿값에 따라 숫자들이 어떤 수를 나타내는지 하나씩 살펴보기로 하자. 또 자릿값을 생각해 수를 읽어 보자.

오개념 탈출 _자릿값_

같은 숫자도 자리에 따라 나타내는 값이 달라져.

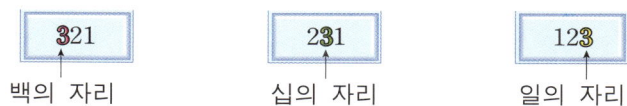

321, 231, 123에서 3은 각자 다른 자리에 있어. 321에서는 백의 자리에, 231에서는 십의 자리에, 123에서는 일의 자리에 있어.

그럼 숫자 3이 나타내는 값은 모두 같을까? 아니야. 전혀 다른 값을 나타내. 321은 100이 3, 10이 2, 1이 1인 수야. 따라서 3은 100이 3인 300을 나타내. 또 231은 100이 2, 10이 3, 1이 1인 수야. 따라서 3은 10이 3인 30을 나타내고, 123은 100이 1, 10이 2, 1이 3인 수이므로 3은 1이 3인 3을 나타내.

이렇게 같은 숫자라도 어느 자리에 있느냐에 따라서 나타내는 값, 즉 **자릿값**이 달라져.

자리의 숫자가 0이면, 그 자릿값을 읽지 않아.

수를 읽을 때에도 자릿값을 생각하면서 읽어야 해. 즉 324는 '삼백이십사'라고 읽어. 그럼 302는 '삼백이십?', '삼백영십이?'라고 읽어야 할까? 아니야.

자리의 수가 0이면 읽지 않아. 따라서 '삼백이'라고 읽어. 그럼 213은 어떻게 읽어야 할까? '이백일십삼'? 자리의 수가 1일 경우에는 자릿값만 읽으면 되겠지? 따라서 '이백십삼'이라고 읽어야 해.

이렇게 자릿값을 정확히 모르면 '이백칠'을 이백을 200, 칠을 7이라고 생각해서 2007이라고 쓸 수도 있어. 어때? 자릿값이 수에서 얼마나 중요한지 알겠지?

이젠 로봇을 수리할 필요가 없겠지? 519는 100이 5, 10이 1, 1이 9인 수야. 즉 5는 500을, 1은 10을, 9는 9를 나타내므로 519에서 나타내는 수가 가장 작은 숫자는 9야.

302은 삼백영이?

아하! 개념

자리에 따라 나타내는 값이 다르다.
519에서 5는 500, 1은 10, 9는 9를 나타낸다.

오개념 13 | "현재 시간은 9시입니다"(X)

오개념 14 | 1시간 25분은 125분이다(X)

오개념 15 | 1년 반은 1년 5개월이다(X)

오개념 16 | 1시부터 3시까지는 4시간(X)

오개념 17 | 뾰족하면 모두 각이다(X)

오개념 18 | 각은 도형이 아니다(X)

오개념 19 | 각은 모두 뾰족하다(X)

오개념 20 | 각의 변이 길면 각도도 크다(X)

오개념 21 | 8−5+3의 값이 8이다(X)

오개념 22 | 3+2= 5 +1(X)

오개념 23 | 42+4+7=42+4=46+7=53(X)

오개념 24 | '나눠준다'는 무조건 ÷로 계산한다(X)

오개념 25 | 무조건 ×, ÷ 부터 계산한다(X)

"현재 시간은 9시입니다"(X)

이상하다, 이상해?

- 아나운서와 윤호가 한 말은 어떻게 다른 걸까?
- 시각은 무엇일까? 시간은 무엇일까?
- 시각과 시간은 어떻게 다른 걸까?

"아나운서가 한 말과 윤호가 한 말의 차이는 '시각'과 '시간' 밖에 다르지 않은데 두 말이 같은 말일까? 다른 말일까? 그것도 ㄱ, ㄴ으로 받침만 다른 건데 헷갈린다. 헷갈려."

시각과 시간의 정확한 뜻을 잘 모르면 위처럼 헷갈릴 수 있어.
시간과 시각의 차이를 정확히 알면, '현재 시간'과 '현재 시각' 중 어느 말이 정확히 맞는지 알 수 있을 거야. 또 우리가 생활에서 자주 혼동해서 쓰는 시각과 시간을 명확히 사용할 수 있게 될 거야.

자! 지금부터 시간과 시각의 뜻을 알아보고, 일상 생활에 잘못 사용되고 있는 시간과 시각을 찾아 바르게 고쳐 보자.

오개념 탈출 시간과 시각

시간과 시각은 비슷하지만 달라.

 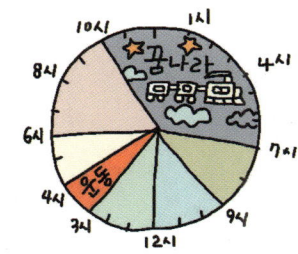

왼쪽 시계는 12시 30분을 나타내고 있어. 이렇게 우리가 "지금은 몇 시 몇 분이야."라고 말하는 것은 바로 시각을 말하는 거야. 즉 '**시각**'은 어떤 순간을 나타내는 것을 말해. 그럼, 시간은 무얼 말하는 걸까?

〈생활 계획표〉를 보면, 오후 3시부터 4시까지 1시간 동안 운동을 하기로 했어. 이와 같이 '**시간**'은 시각과 시각 사이를 말해.

즉 정확히 몇 시 몇 분의 때를 가리키는 것을 '시각'이고, 몇 시 몇 분에서 몇 시 몇 분까지의 동안을 가리키는 것은 '시간'이야.

그럼 생활 속에서 시간과 시각을 혼동해서 사용하는 경우를 하나씩 살펴보면서 어떤 말이 맞는지 알아보자.

"지금은 공부할 시간이다" (X)		"지금은 공부할 시각이다" (○)	
"공부할 시간이 얼마 없다" (○)		"공부할 시각이 얼마 없다" (X)	
"두 시간 동안 책을 읽다" (○)		"두 시각 동안 책을 읽다" (X)	
"약속한 시간에 맞춰서 나와라" (X)		"약속한 시각에 맞춰서 나와라" (○)	

어떤 순간을 나타내면 시각이므로 "지금은 공부할 시각이다.", "약속한 시각에 맞춰서 나와라."가 올바른 표현이야. 그리고 시각과 시각 사이를 나타내면 시간이므로 "공부할 시간이 없다.", "두 시간 동안 책을 읽다."가 올바른 표현이야.

이젠 아나운서와 윤호의 말 중 누구의 말이 맞는지 알겠지? 이는 정확히 9시를 가리키는 것이므로, "현재 시각은 9시입니다."가 맞는 말이야.

아하! 개념

시각은 어떤 순간을 말하고, 시간은 시각과 시각의 사이를 말한다.

13 "현재 시간은 9시입니다" (X)

14 1시간 25분은 125분이다 (X)

이상하다, 이상해?

- 쿠키가 왜 새까맣게 타 버린 걸까?
- 1시간 25분은 몇 분일까?
- 125분은 몇 시간 몇 분일까?

"1시간 25분을 구워야 하니까, 125분에 시간을 맞춰 둔 돼지는 잘못이 없어. 잘못은 시간을 잘못 알려 준 요리책에 있는 거 아냐? 만약 책이 잘못된 것이 아니라면 오븐이 고장이 난 걸 거야. 그러니까 요리책을 환불하든지 오븐을 수리해야 하는 거 아닐까?"

이렇게 생각한다면 이는 1시간이 몇 분인지 모르는 사람이야. 간혹 1시간을 100분이라고 잘못 생각하거나 착각해서 약속 시각에 늦는다거나 요리를 태우는 경우가 생기기도 해.

자! 지금부터 1시간이 몇 분인지 알아보고, 시간을 분으로, 분을 시간으로 고쳐 보도록 하자.

오개념 탈출 시간과 분

1시간은 60분이고, 90분은 1시간 30분이야.

왼쪽 시계는 2시 59분을 가리키고 있어. 그러니까 1분 후는 3시야. 즉 1시간은 60분이라는 말이야.

좀 더 자세히 알아보면, 긴 바늘이 시계 한 바퀴를 돌면 1시간이 지난 거야. 이때, 긴 바늘이 숫자 1, 2, 3,…을 가리키면 각각 5분, 10분, 15분, … 을 나타내. 따라서 긴 바늘이 시계를 한 바퀴 돌아서 다시 숫자 12를 가리키면 60분이 돼. 즉 1시간은 60분으로 나타낼 수 있어. 그렇다면 2시간은 몇 분일까?

2시간은 (1시간)+(1시간)이므로 (60분)+(60분)=(120분), 3시간은 (60분)+(60분)+(60분)이므로 180분, 4시간은 (60분)+(60분)+(60분)+(60분)이므로 240분이야.

그렇다면 1시간 15분은 몇 분일까?
1시간 15분은 (1시간)+(15분)=(60분)+(15분)이므로 75분이야.
2시간 30분은 (60분)+(60분)+(30분)이므로 150분이야.

이번에는 분을 시간으로 나타내보자.
1시간은 60분이므로 180분은 (60분)+(60분)+(60분), 즉 1시간을 3번 더한 것과 같아. 따라서 180분은 3시간이야. 그럼 90분은 (60분)+(30분)이므로 1시간 30분과 같아.

이젠 쿠키가 새까맣게 타 버린 이유를 알겠지? 돼지가 1시간을 100분이라고 착각한 거야. 100분은 (60분)+(40분)이니깐 1시간 40분인데 말이야.

그렇다면 쿠키가 알맞게 구워지는 1시간 25분은 몇 분일까?
1시간 25분은 (60분)+(25분)=(85분)이야. 쿠키가 맛있게 구워지는 시간은 85분인데 그보다 40분이나 더 많은 125분을 구웠으니 당연히 새까맣게 탈 수밖에 없겠지.

그럼 돼지가 입력한 125분은 몇 시간 몇 분일까?
125분은 (60분)+(60분)+(5분)이므로 2시간 5분이야.

아하! 개념

1시간은 60분이다.
1시간 25분은 85분, 125분은 2시간 5분이다.

15 1년 반은 1년 5개월이다(X)

이상하다. 이상해?

- 왜 곰은 사람이 되지 못했을까?
- 반년은 몇 개월일까?
- 1년 반은 몇 년 몇 개월일까?

"분명히 사기꾼 산신령일 거야. 그렇지 않고서야 1년 반이 지났는데 곰이 사람으로 변하지 않을 리가 없잖아. 반년은 5개월. 그러니깐 1년 반은 1년 5개월이 맞잖아. 그런데 아직 1년 반이 되지 않았다니……. 저 산신령 정말 산신령이 맞긴한 거야?"

이렇게 생각한다면 1년이 몇 개월인지 모르는 거야. 혹시 1년이 몇 개월인지 정확히 알고 있더라도 반이면 무조건 5나 50이라고 생각을 해서 이런 실수를 할 수도 있어.

자! 지금부터 1년이 몇 개월이고, 반년은 몇 개월인지 1년의 시간에 대하여 하나씩 살펴보기로 하자.

오개념 탈출 시간

반나절은 12시간, 반달은 15일, 반년은 6개월이야.

1시간의 반은 몇 분일까? 먼저 1시간을 분으로 바꾼 후 반으로 나눠야 해. 따라서 1시간은 60분이므로 1시간의 반(반시간)은 60÷2=30(분)이야.

그렇다면 하루의 반(반나절)은 몇 시간일까? 하루는 24시간이므로 24÷2=12(시간)이 돼. 또 1달은 보통 30일이라고 생각하므로 1달의 반(반달)은 30÷2=15(일)이라고 말할 수 있어.

그렇다면 1년의 반은 몇 개월일까? 1년은 12개월이므로 1년의 반(반년)은 12÷2=6(개월)이야.

이렇게 한 시간의 반, 하루의 반, 한달의 반, 일 년의 반을 생각할 경우에는 먼저 시간을 분으로, 하루를 시간으로, 한달을 일로, 일 년을 개월로 바꾼 후에 이를 반으로 나누어 생각해야 해.

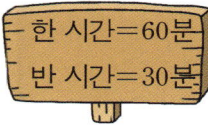   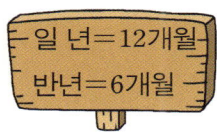

이젠 곰이 왜 사람이 되지 못했는지 알 수 있겠지? 반년은 6개월이므로 1년 반은 1년 6개월이야. 따라서 곰이 1달만 더 마늘을 먹고 버텼으면 사람이 될 수 있었는데 아주 안타까운 일이야.

시시콜콜 이야기 - 2월이 28일이 된 사연

기원전 64년 로마황제 율리우스는 홀수 달은 31일, 짝수 달은 30일로 정했어요. 그런데 로마시대에는 3월이 첫해였기 때문에 마지막 달인 2월의 날짜 수를 조정해서 29일로 정했어요.

그 이후 아우구스투스 황제는 자신의 생일이 8월이라는 이유로 30일인 8월을 31일로 정하고, 2월을 28일로 만들었어요. 하지만 1년은 원래는 365.2422이기 때문에 2월을 28일로 하면 날수가 모자랐어요. 그래서 4년에 한 번씩 2월을 29일로 정해서 날짜를 맞춘 거예요.

아우구스투스

아하! 개념

1년 반은 1년 6개월이다.

16. 1시부터 3시까지는 4시간(X)

이상하다, 이상해?

- 동생과 윤호의 말 중 누구의 말이 맞는 걸까?
- (시각)과 (시각)을 더할 수 있을까?
- (시각)과 (시각)을 더하면 (시각)이 될까?

"컴퓨터 게임을 1시부터 3시까지 했는데, 왜 윤호와 동생이 계산한 게임 시간이 다른 걸까? 1시부터 3시까지 게임한 시간을 더하면 1+3=4가 맞는데 말이야. 그런데 왜 타이머는 2:00:00을 가리키고 있는 거지? 혹시 타이머가 고장이 난 게 아닐까? 아니면 윤호가 더 게임을 하고 싶어서 타이머를 조작한 거 아닐까?"

이렇게 생각한다면 (시각)과 (시간)의 덧셈과 뺄셈의 원리를 모르고 있는 거야. 이런 말을 하면, "(시각)과 (시간)을 더한다고?"라고 생각하는 친구도 있을 수 있어. (시각)과 (시간)도 숫자를 더하고 빼거나 길이나 양을 더하고 빼는 것처럼 더하고 뺄 수 있어.

자! 지금부터 예시를 통해서 (시각)과 (시간)의 덧셈과 뺄셈을 알아보기로 하자.

오개념 탈출 (시각)과 (시간)의 덧셈과 뺄셈

(시각)과 (시간)을 더하면 (시각)이 돼.

(시각)과 (시간)의 덧셈과 뺄셈을 윤호의 하루 일과를 통해 하나씩 알아보기로 하자.

"윤호는 1시에 학교를 마치고 집까지 도착하는 데 20분이 걸렸어. 윤호는 몇 시에 집에 도착했을까?"

1시(시각)에 20분(시간)을 더해서 1시 20분(시각)이 돼.

| (시각) + (시간) = (시각) |

```
     1시         (시각)
+        20분    (시간)
─────────────────────
     1시  20분   (시각)
```

그럼, (시간)과 (시간)의 덧셈은 어떻게 계산하는 지 알아보자.

"윤호는 집에 도착해서 30분 동안 수학 공부를 하고, 1시간 15분 동안 국어 공부를 했어. 윤호는 공부를 얼마나 했을까?"

수학과 국어 공부를 한 시간을 더하면 1시간 45분이 돼.

| (시간) + (시간) = (시간) |

```
           30분   (시간)
+   1시간  15분   (시간)
─────────────────────
    1시간  45분   (시간)
```

(시각)과 (시각)을 더하는 경우는 어떨까?

"윤호는 6시에 저녁을 먹고, 9시 30분에 잠을 잤어."

이때, 윤호가 저녁을 먹고, 잠을 잔 시각을 더하면 15시 30분이야. 하지만, 이는 수를 더하는 것일 뿐, 15시 30분이 어떤 (시각)이나 (시간)을 나타내는 건 아니야. 따라서 (시각)과 (시각)을 더하는 경우는 없어.

"윤호는 1시간 동안 자전거를 탔어. 그리고 3시에 집에 돌아왔어."

이때, 윤호가 자전거를 탄 시간과 집에 돌아온 시각을 더해서 4시라고 할 수 있어. 하지만 이 역시 수를 더하는 것일 뿐, 4시가 어떤 (시각)이나 (시간)을 나타내는 건 아니야. 따라서 (시간)과 (시각)을 더하는 경우도 없어.

(시각)에서 (시간)을 빼면 (시각)이 돼.

"윤호가 축구를 1시간 30분 동안 했더니 2시 45분이 됐어. 축구를 몇 시에 시작한 걸까?"

축구를 시작한 시각을 알려면, 축구를 끝낸 시각에서 축구를 한 시간을 빼면 돼. 따라서 윤호는 1시 15분에 축구를 시작한 거야.

(시각) - (시간) = (시각)

```
  2시   45분   (시각)
-     1시간 30분   (시간)
  1시   15분   (시각)
```

그럼, (시간)에서 (시간)을 빼면 어떻게 될까?

"윤호는 수학 공부는 2시간 40분을 하고, 국어 공부는 1시간 10분을 했어. 수학 공부는 국어 공부보다 얼마나 더 오래 한 걸까?"

수학 공부를 한 시간 2시간 40분에서 국어 공부를 한 시간 1시간 10분을 빼면 돼. 따라서 수학 공부는 국어 공부보다 1시간 30분 더 오래 한 거야.

(시간) - (시간) = (시간)

```
  2시간 40분   (시간)
- 1시간 10분   (시간)
  1시간 30분   (시간)
```

(시각)에서 (시각)을 빼면 (시간)이 돼.

"윤호와 엄마는 장을 보고, 마트에서 4시 10분에 출발했어. 장을 보고, 집에 도착한 시각은 5시 50분이야. 마트에서 출발해서 집으로 돌아올 때까지 얼마나 걸린 걸까?

이는 집에 도착한 시각에서 마트에서 출발한 시각을 빼면 마트에서 집까지 오는 데 걸린 시간은 1시간 40분이야.

(시각) - (시각) = (시간)

```
  5시   50분   (시각)
- 4시   10분   (시각)
  1시간 40분   (시간)
```

(시간)에서 (시각)을 빼는 경우는 없어.

(시각)+(시각)과 (시간)+(시각)의 경우가 없는 것처럼 (시간)−(시각)의 경우도 없어. 다음 예를 통해서 알아보자.

"윤호는 3시간 30분 동안 tv를 봤어. 그리고 2시에 밥을 먹었어."

윤호가 tv를 본 (시간)에서 밥을 먹은 (시각)을 빼면, 1시 30분이야. 하지만 이는 수를 뺀 것일 뿐, 1시 30분이 어떤 (시각)이나 (시간)을 나타내는 건 아니야. 따라서 (시간)−(시각)의 경우는 없어.

1시부터 3시까지는 2시간이야.

이젠 앞의 상황에서 동생과 윤호 중 누구의 말이 맞는지 알겠지? 이는 1시(시각)부터 3시(시각)까지 몇 시간이냐를 묻는 문제야. 3시(시각)−1시(시각)=2시간(시간)이야. 하지만 동생은 1시(시각)+3시(시각)=4시간(시간)을 계산한 거야. 앞에서 (시각)에 (시각)을 더하는 경우는 없다는 것을 알았을 거야.

따라서 동생이 잘못된 개념을 갖고 있었어.

그것 봐. 2시간이 맞지?

분을 더해서 60분이 넘으면 1시간을 받아올림해.

"윤호는 1시간 30분 동안 컴퓨터를 하고, 동생은 1시간 40분 동안 컴퓨터를 했어. 그럼 두 사람은 몇 시간 동안 컴퓨터를 한 걸까?"

1시간 30분+1시간 40분=2시간 70분(?) 뭔가 좀 이상하지?

보통 18+14=32처럼 일의 자리 8과 4의 합이 10이 넘으면 십의 자리로 받아올림하는 것처럼 분끼리 더해서 60분이 넘으면 60분을 1시간으로 받아올림 해. 따라서 윤호와 동생이 컴퓨터를 한 시간은 3시간 10분이야.

```
  1시간 30분  (시간)
+ 1시간 40분  (시간)
─────────────
  2시간 70분  (시간)
    1  ←  60
─────────────
  3시간 10분
```

아하! 개념

(시각)+(시간)=(시각), (시간)+(시간)=(시간)
(시각)−(시간)=(시각), (시간)−(시간)=(시간), (시각)−(시각)=(시간)

뾰족하면 모두 각이다(X)

각의 나라 1

이상하다, 이상해?

- 부채에서 각이 아닌 곳은 어디일까?
- 선이 두 개 모이면 모두 각일까?
- 각은 무엇일까?

"부채에 각이 아닌 곳이 있다고? 부채의 모든 곳은 두 개의 선이 만나서 뾰족하잖아. 더군다나 삼각형 모양인 부채에 각이 아닌 곳이 있다는 건 말이 안 되는 거 같아. 혹시 각의 나라 왕이 각에 대해 잘 모르고 있는 건 아닐까? 그럼 큰일인데……. 저 사람은 아주 억울한 거잖아."

혹시 이렇게 생각하고 있다면 이는 각에 대해서 모르고 있는 거야. 각의 나라 왕은 각이 어떤 것인지 정확히 알고 있거든. 오히려 부채를 사용한 사람이 두 선이 만나서 뾰족하면 무조건 각이 된다고 잘못 알고 있는 거야.

자! 지금부터 각의 뜻에 대해 정확히 알아보고, 부채에서 각이 아닌 곳을 찾아보자.

오개념 탈출 각 1

각은 두 개의 직선이 만나서 생겨.

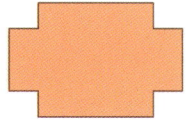   

위의 도형 중에서 각이 없는 도형은 무엇일까? 흔히 도형의 뾰족한 곳을 각이라고 생각하는 경우가 많아. 하지만 '각'은 한 점에서 그은 두 개의 직선이 만나서 만들어져. 이때, 두 직선을 '**각의 변**'이라고 하고, 두 직선이 만나는 점을 '**각의 꼭짓점**'이라고 해.

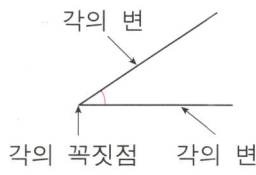

다시 말해서 직선과 곡선, 곡선과 곡선이 만나면 각이 아니야. 따라서 위의 도형 중 두 곡선이 만나는 초승달 모양의 도형은 각처럼 뾰족한 부분이 있지만, 곡선과 곡선이 만나서 이루어진 도형이므로 각은 하나도 없어.

▲ 모두 각이 아니다

그럼 왼쪽 도형은 각일까? 각이 아닐까?
두 도형 모두 각이 아니야. 첫 번째 도형은 두 선이 모두 직선이지만 한 점에서 긋지 않았기 때문에 각이 아니야. 또 두 번째 도형은 직선과 곡선이 만났기 때문에 각이 아니야.

이젠 부채를 사용한 사람이 왜 감옥에 끌려가야 하는지 알겠지? 부채를 사용한 사람은 두 선이 만나서 뾰족하면 무조건 각이라고 생각한 거야. 부채의 양 끝부분이 곡선과 직선이 만났기 때문에 각이 아니라는 것을 모르고 있었던 거지.

아하! 개념

직선과 곡선, 곡선과 곡선이 만나면 각이 아니다.

17 뾰족하면 모두 각이다 (X)

18 각은 도형이 아니다(X)

이상하다, 이상해?

- 각은 도형일까? 아닐까?
- 도형은 무엇일까?
- 도형에는 어떤 종류가 있을까?

"각이 도형만 들어갈 수 있는 도형 랜드에 들어가다니 말도 안 돼. 삼각형, 사각형, 오각형, 육각형, 마름모를 봐. 어디 하나 뚫려 있는 곳이 없이 선으로 둘러싸여 있잖아. 그런데 선으로 둘러싸여 있지 않고 한 쪽이 뻥~ 뚫려 있는 각이 어떻게 도형 랜드를 통과하냐고? 혹시 보초 아저씨가 도형에 대해 잘 모르고 있는 게 아닐까?"

이는 도형의 뜻을 잘 모르고 하는 말이야. 도형의 뜻을 정확히 알면, 보초 아저씨가 틀리지 않은 걸 알 수 있어.

자! 지금부터 선으로 둘러싸여 있어야만 도형이 될 수 있는지 도형의 뜻을 알아보고, 각이 도형인지 아닌지 알아보자. 또 도형에는 어떤 종류가 있는지 알아보기로 하자.

오개념 탈출 각 2

도형은 점, 선, 면으로 이루어져 있어.

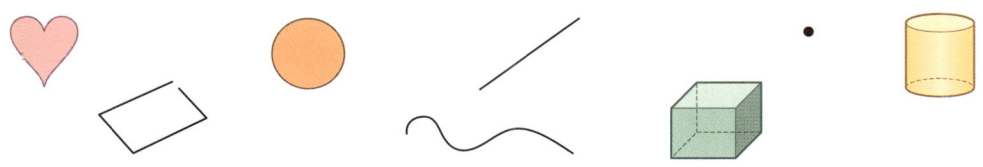

위의 여러 가지 모양 중 도형이 아니라고 생각하는 걸 찾아봐. 혹시 점, 직선, 곡선, 그리고 한쪽이 막히지 않은 모양을 고르진 않았니? 이런 모양을 고른 이유는 흔히 도형이라고 하면 삼각형, 사각형, 오각형, 원 등을 떠올려서 도형은 반드시 선분으로 둘러싸여 있다고 생각하기 때문이야.

하지만 위의 모양은 모두 도형이야. '도형'은 점, 선, 면으로 이루어져 있거나 또는 이들이 합해서 이루어진 것을 말해. 그러므로 점도 도형이고, 점이 모여서 만들어진 선도 도형이고, 선이 모여서 만들어진 면도 도형이야. 그러면 당연히 면이 모여서 만들어진 입체도형 역시 도형이겠지.

도형은 크게 평면도형과 입체도형으로 나뉘어.

점, 직선, 곡선, 각, 삼각형, 사각형, 원처럼 두께가 없이 폭만 가진 도형을 '**평면도형**'이라고 해. 그리고 평면도형이 아닌 도형, 즉 직육면체(상자 모양), 원기둥(둥근 기둥 모양), 구(공 모양) 등의 도형을 '**입체도형**'이라고 해.

입체도형은 폭은 물론 두께까지 갖게 돼.

평면도형　　　　　　입체도형

이젠 도형 랜드에 각이 들어가는 것이 아주 당연하다는 걸 알 수 있을 거야. 각은 한 점에서 그은 두 직선으로 이루어져 있는 평면도형이야.

아하! 개념

각은 한 점에서 그은 두 직선으로 이루어진 도형이다.

각은 모두 뾰족하다(X)

각의 나라 2

이상하다, 이상해?

- 각은 모두 뾰족할까?
- 편평한 것은 각이 아닐까?

"이번에는 각이 아닌 곳이 있는 부채를 사용한 사람이 각을 만들지 못해서 감옥에 갇히게 생겼어. 이 사람은 바보처럼 각의 모양이 모두 뾰족하다는 사실을 몰랐나 봐. 전에는 곡선과 직선이 만나는 부분이 각이라고 우기더니 말이야. 아무래도 각을 전혀 모르는 사람 같아. 그런데 설마 각을 정확히 알고 있는 왕이 실수한 건 아니겠지?"

하지만 이번에는 왕이 틀렸어. 왕은 각의 모양이 각의 크기에 따라 달라질 수 있다는 걸 모르고 단지 한 점에서 그은 두 직선이 만나면 뾰족하다고만 생각한 거야.

자! 지금부터 각의 크기에 따라 각의 모양이 어떻게 변하는지 알아보고, 끌려가는 사람의 억울함을 풀어 주자.

오개념 탈출 각도

각의 벌어진 정도에 따라 모양이 달라.

두 막대의 사이를 점점 벌려서 여러 각을 만들었어. 그랬더니 마지막에는 두 막대가 일직선으로 편평해졌어. 그럼 뾰족한 부분이 없어졌으니 각이 사라져 버린 걸까? 그렇지 않아. 앞에서 알았듯이(오개념 17) 각은 한 점에서 그은 두 직선으로 이루어져. 그러므로 두 막대를 직선이라고 생각하면 마지막 그림 역시 두 직선이 한 점에서 만난 것이므로 각이야. 이는 각의 크기가 점점 커지면서 그 모양이 달라진 것뿐이야. 즉 각이 벌어진 정도(각도)가 달라진 것뿐이지.

각은 여러 가지로 분류할 수 있어.

각의 벌어진 정도를 '각도'라고 해. 위의 각도를 재어보면, 차례로 45°, 90°, 120°, 180°야. 이때, 두 번째처럼 90°인 각을 '직각'이라고 해. 그리고 첫 번째처럼 90°보다 작은 각을 '예각', 세 번째처럼 90°보다 크고 180°보다 작은 각을 '둔각'이라고 해. 그리고 마지막으로 네 번째 각처럼 180°로 편평한 각을 '평각'이라고 해.

이것도 궁금해요!- 180°보다 더 큰 각은 없나요?

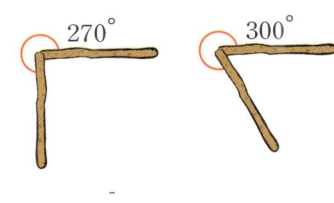

당연히 180°보다 큰 각이 있어. 우리가 생각할 때 보통 180°보다 작은 각을 생각하지만, 두 직선 사이를 더 벌려서 두 선이 겹쳐지면 360°까지 각을 만들 수 있어.

이젠 붙잡혀 가는 사람이 억울하다는 걸 알 수 있겠지? 두 막대의 각도를 180°로 만든 거야. 그러므로 각이 맞는 거야.

아하! 개념

각도가 180°이면, 각의 모양은 뾰족하지 않다.

20 각의 변이 길면 각도도 크다(X)

이상하다, 이상해?

- 왜 빨간 악어가 승리한 걸까?
- 정말 입이 길면, 입이 벌어진 각도도 더 클까?
- 각도는 어떻게 비교해야 하는 걸까?

"심판이 빨간 악어를 더 좋아하나 봐. 한 눈에 보기에도 초록 악어가 입을 훨씬 크게 벌렸잖아. 봐! 초록 악어의 입이 빨간 악어의 입보다 훨씬 길잖아. 그러니까 입을 벌린 각도 훨씬 크지. 이건 심판이 판결을 잘못 내린 게 확실해."

이는 각도를 비교하는 방법을 잘 모르는 사람들이 하는 말이야. 두 각도를 비교하는 방법을 정확히 알면, 초록 악어의 식구들은 부끄러워서 고개를 들지 못할 거야. 그러니까 심판이 잘못된 판결을 내린 것이 아니야.

자! 지금부터 각도를 비교하는 방법을 알아보고, 각도와 각의 변의 길이는 어떤 관계가 있는지 알아보자.

오개념 탈출 _각의 크기 비교_

각의 벌어진 정도를 각도라고 해.

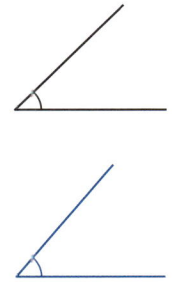

각의 벌어진 정도 즉, 각의 크기를 '각도'라고 해. 그럼 왼쪽의 두 각 중 어느 것의 각도가 더 클까? 또 어떤 각이 더 큰지 어떻게 알까? 아래와 같이 각도기를 이용하면 검정색 각은 45°, 파란색 각은 50°로 파란색 각이 더 크다는 걸 알 수 있어.

이렇게 각도기를 이용하면 가장 정확하게 각의 크기를 비교할 수 있어.

각도 재는 방법

1. 각의 꼭짓점 ㄴ을 각도기 중심에 맞춘다.
2. 각도기의 밑금을 변 ㄴㄷ에 맞춘다.
3. 변 ㄱㄴ에 닿는 눈금을 읽는다.

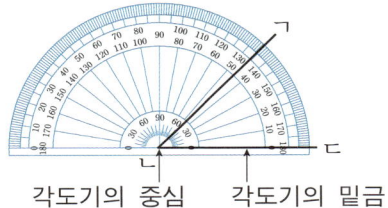

각도는 각의 한 변을 겹쳐서 비교할 수 있어.

만약 각도기가 없을 경우에 두 각의 크기를 어떻게 비교할까? 먼저 두 꼭짓점과 한 각의 변을 서로 겹쳐. 그러면 파란색 각이 더 크다는 것을 알 수 있을 거야.

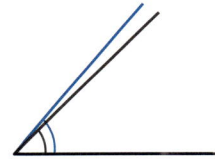

각도와 각의 변의 길이는 관계가 없어.

각의 변이 길어지면 각도가 커질까?

그렇지 않아. 각도는 각을 이루는 두 변이 벌어진 정도이므로 변이 길어진다고 해서 각도가 커지고, 변의 길이가 짧아진다고 해서 각도가 작아지지는 않아.

이젠 심판이 판결을 잘못 내리지 않았다는 걸 알았을 거야. 입의 길이는 각도와 상관없으므로 벌어진 정도만 비교해야 해. 그러므로 빨간 악어 입의 벌어진 정도가 더 커.

아하! 개념

각도는 변의 길이에 상관없이 각의 벌어진 정도에 따라 달라진다.

8-5+3의 값이 8이다 (X)

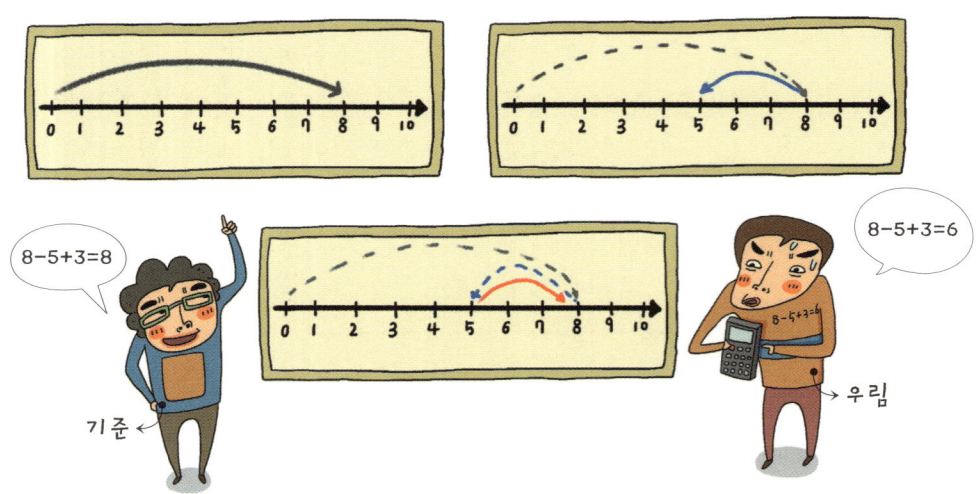

이상하다, 이상해?

- 8-5+3을 수직선으로 나타낸 값이 왜 틀린 걸까?
- 수직선에서 더하기는 어떻게 나타낼까?
- 수직선에서 빼기는 어떻게 나타낼까?

"이상하네? 8-5+3을 계산기로 계산하면, 6인데 왜 수직선으로 나타내면, 8이 나오지? 수직선으로 나타낼 때는 먼저, 8까지 수직선을 긋고, 다음 빼기 5는 왼쪽으로 5까지, 그 다음 더하기 3은 오른쪽으로 3칸 옮기면 답은 8이잖아. 다시 확인해도 정확히 8인데? 그런데 계산기가 틀렸을 리도 없고?"

이처럼 8-5+3=6을 식으로 계산하면 계산을 아주 잘하는데 수직선으로 나타낼 때는 틀린다면, 이는 수직선으로 더하기와 빼기를 나타내는 방법을 정확히 알고 있지 못하기 때문이야.

자! 지금부터 수직선에서 더하거나 빼는 과정을 어떻게 나타내는지 알아보고, 위 수직선에서 틀린 부분을 바르게 고쳐서 나타내보자.

오개념 탈출 수직선

더하기는 오른쪽으로, 빼기는 왼쪽으로 움직여.

수직선에서는 오른쪽으로 갈수록 수가 커지고, 왼쪽으로 갈수록 작아져. 따라서 더하기는 오른쪽으로 칸을 옮기면 되고, 빼기를 할 때는 왼쪽으로 칸을 옮기면 돼.

예를 들어 2+3을 나타낼 때, 2를 나타내기 위해서 0부터 시작해서 오른쪽으로 2칸을 옮겨. 그 다음 더하기 3은 2칸을 옮긴 자리에서부터 오른쪽으로 3칸을 더 옮기면 답은 5가 돼.

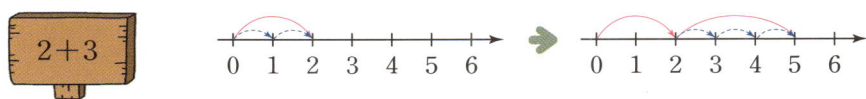

그럼, 5−3은 어떻게 나타낼까? 우선 5를 나타내기 위해 0에서 시작해서 오른쪽으로 5칸을 옮겨. 그 다음 빼기 3은 5칸 옮긴 곳에서부터 왼쪽으로 3칸을 옮기면 답은 2가 돼.

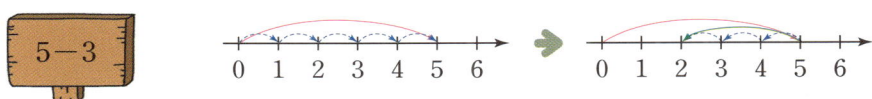

이젠 8−5+3을 수직선에 나타내어 보자.

0부터 8까지 옮긴 다음, 8부터 왼쪽으로 5칸 옮기고, 다시 오른쪽으로 3칸을 옮기면 돼. 기준이가 나타낸 수직선을 보면, 8부터 왼쪽으로 5칸을 옮겨야 하는데, 5까지 옮기는 실수를 한 거야. 칸을 옮길 때는 5까지, 3까지 옮기는 것이 아니라 5칸, 3칸을 옮기는 거야. 따라서 아래와 같이 수직선으로 나타내면 돼.

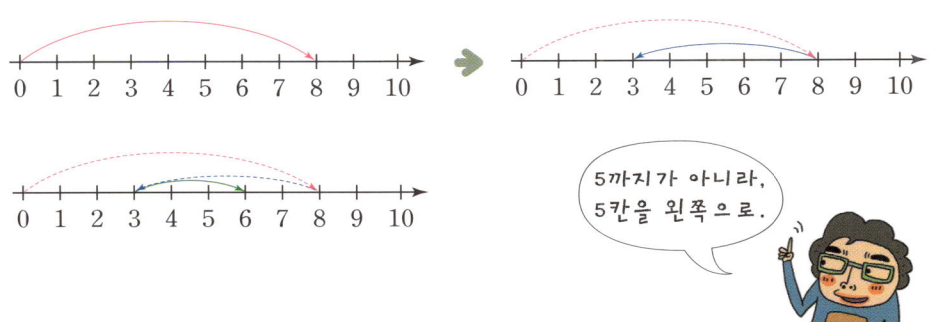

5까지가 아니라, 5칸을 왼쪽으로.

아하! 개념

수직선에서 더하기 5는 오른쪽으로 5칸, 빼기 3은 왼쪽으로 3칸 옮긴다.

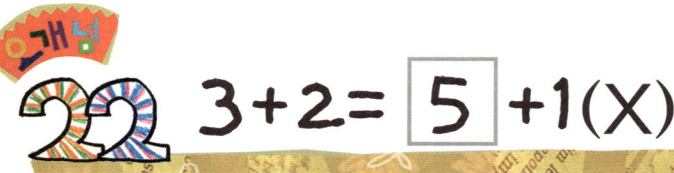

이상하다. 이상해?

- 외계인이 왜 로빈슨을 태우지 않은 걸까?
- =(등호)는 무슨 뜻일까?
- □ 안에 들어갈 수는 무엇일까?

"이상하네? =(등호)다음에는 덧셈과 뺄셈의 답을 쓰는 거잖아. 그럼 3+2=⑤+1잖아. 그런데 왜 우주선을 태워 주지 않은 거지? 혹시 수학을 아주 못하는 별에서 온 외계인인가?"

위의 로빈슨처럼 =(등호) 다음에 바로 답을 써 넣어 □ 안에 덧셈한 값을 무조건 써 넣었다면 이는 =(등호)가 무엇을 뜻하는 건지 잘 모르고 있는 거야. =(등호)는 덧셈, 나눗셈 등 식의 결과를 나타내는 것만이 아니거든. =(등호)는 덧셈, 뺄셈, 곱셈, 나눗셈을 나타내는 식에서 아주 중요한 의미를 가지고 있어.

자! 지금부터 등호에 어떤 뜻이 숨어 있는지 살펴보고, 위의 문제의 □ 안에 어떤 수를 써 넣어야 하는지 하나씩 살펴보기로 하자.

오개념 탈출 등호 1

등호는 양쪽이 서로 같음을 나타내는 기호야.

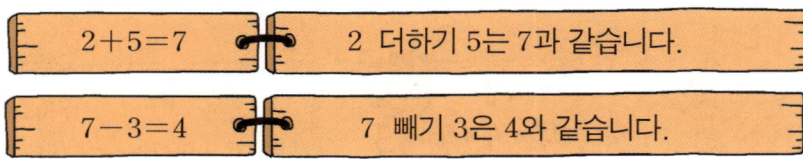

위에서와 같이 '2+5=7'에서 +는 더하기, -는 빼기를 나타내는 기호야. 그럼 =는 무엇을 나타내는 기호일까? 흔히 =를 2+5와 7-3처럼 덧셈, 뺄셈과 같은 식의 값을 나타낼 때 사용한다고 생각해. 하지만 =를 읽을 때 "같습니다"라고 읽는 것과 같이 =는 양쪽이 서로 같음을 나타내는 기호야. 이를 '등호'라고 해.

따라서 "1은 1과 같다.", "2는 2와 같다.", "3은 3과 같다."를 간단하게 =의 기호를 써서 1=1, 2=2, 3=3으로 나타낼 수 있어.

또한 1+2=3이고, 5-2=3이야. 이렇게 두 식의 값이 서로 같으면 =를 사용하여 1+2=5-2로 쓸 수 있어.

이젠 3+2= ☐5☐ +1이 왜 틀렸는지 알 수 있겠지?

등호 왼쪽의 값은 3+2=5이고, 오른쪽의 값은 5+1=6이야. 따라서 등호의 양쪽 계산한 값이 달라. 따라서 ☐에 들어갈 답은 틀렸어.

등호의 왼쪽의 값이 5이므로 오른쪽 ☐+1의 값도 5와 같아야 해. 따라서 등호 양쪽의 값이 같으려면 ☐ 안에는 4를 써야 해.

=이 있을 때는 = 양쪽이 모두 같다는 것을 한다는 것을 잊으면 안돼.

아하! 개념

=는 양쪽 서로 같음을 나타내는 기호이다.
3+2= ☐4☐ +1

42+4+7=42+4=46+7=53(X)

이상하다, 이상해?

- 답이 같은데 왜 팔계만 틀린 걸까?
- 42+4+7=42+4=46+7=53의 어느 부분이 틀린 걸까?
- 팔계의 답을 어떻게 고쳐야 할까?

"이상하네? 오공이와 팔계의 답이 모두 53이잖아. 그런데 왜 오공이는 맞고, 팔계는 틀린 걸까? 다시 한번 살펴보면, 42+4+7를 앞에서부터 차례로 계산하면 42+4=46이고 다시 7을 더하면 46+7=53이잖아. 팔계는 이를 순서대로 써서 42+4+7=42+4=46+7=53으로 쓴 것뿐인데. 왜 팔계만 틀린 거지?"

물론 계산 결과만 보면, 팔계도 맞았다고 할 수 있어. 하지만 팔계는 =(등호)를 잘못 사용해서 계산 과정이 틀린 거야. 이는 팔계뿐만 아니라 다른 친구들도 많이 실수하는 부분이야.

자! 지금부터 =(등호)의 뜻을 다시 한 번 생각해 보고, 팔계의 계산 과정을 바르게 고쳐보자.

오개념 탈출 등호 2

등호는 양쪽의 값이 서로 같을 때 사용해.

=(등호)는 양쪽이 서로 같음을 나타내는 기호야. 따라서 덧셈과 뺄셈과 같은 계산식에서는 양쪽의 계산 값이 서로 같을 때 =(등호)를 사용해. 그럼 팔계가 푼 문제를 보면서 어느 부분에서 =(등호)를 잘못 사용했는지 알아보자.

$$42+4+7=42+4=46+7=53$$
　　　　　↑　　　↑　　　↑
　　　　　①　　　②　　　③

① $42+4+7=42+4$에서 $42+4+7=53$이고, $42+4=46$이므로 왼쪽과 오른쪽의 값이 달라. 따라서 등호를 사용할 수 없어.

② $42+4=46+7$에서 $42+4=46$이고, $46+7=53$이므로 왼쪽과 오른쪽의 값이 달라. 따라서 등호를 사용할 수 없어.

③ $46+7=53$에서 $46+7$을 계산하면 53이므로 등호를 사용할 수 있어.

이젠 왜 답을 맞힌 팔계가 틀렸는지 알 수 있겠지? 문제의 답은 맞았지만 계산식에 등호를 잘못 사용해서 틀린 거야.

수학에서는 그 과정을 정확히 이해하고, 계산식까지 맞아야 정답이라고 할 수 있어.

세 수의 덧셈의 계산 과정을 나타내 보자.

세 수의 덧셈의 계산 과정은 여러 가지 방법으로 나타낼 수 있어.

① $42+4=46$, $46+7=53$이므로 $42+4+7=46+7=53$

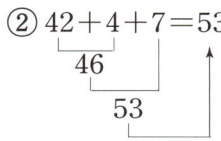

③
```
    42          46
  +  4        +  7
  ----        ----
    46          53
```

아하! 개념

계산식에서 양쪽 값이 같을 때 등호를 사용한다.

개념 24. '나눠준다'는 무조건 ÷로 계산한다(X)

이상하다, 이상해?

- 왜 사탕이 부족한 걸까?
- '나눠주려면'이라는 말이 들어가면 무조건 ÷로 계산하면 될까?
- 사탕은 모두 몇 개가 필요한 걸까?

"이상하다? 왜 사탕이 부족한 걸까? '나눠주려면'이라는 말이 들어가면 나눗셈을 하는 거잖아. 그렇다면 20명에게 사탕 2개씩 '나눠준다'라고 했으니깐 식은 20÷2이고 이를 계산하면 10개 맞는데? 그런데 왜 사탕 수가 부족한 거지? 루돌프가 사탕을 잘못 챙겨온 건 아닐까?"

이렇게 생각했다면 '나누기(÷)'를 '나눠주다'라는 말과 같다고 착각한 거야. 문제에서 '나눠준다', '나누다'라는 말이 나온다고 해서 무조건 나눗셈을 하는 것이 아니거든. 전체 문장을 잘 보고, 식을 세워야 해.

자! 지금부터 문장에서 '나누다', '나눠주다'라는 말이 나올 때 어떻게 계산해야 하는지 알아보고, 산타에게 필요한 사탕의 수가 몇 개인지도 알아보자.

오개념 탈출 나누기

'나눠주다'라는 말은 무조건 ÷를 뜻하지 않아.

 떡이 모두 10개가 있어. 이 떡을 5명에게 나눠주려면, 한 명에게 몇 개씩 나눠주어야 할까?

이 문제를 그림으로 나타내어 보자. 모두에게 떡을 먼저 한 개씩 나눠갖고, 남은 떡을 다시 한 개씩 나눠가지면 한 사람이 2개씩 나눠갖게 돼. 즉 전체 떡의 개수를 사람의 수로 나누면 10÷5=2(개)가 돼.

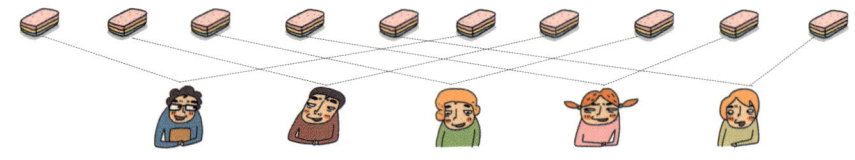

 10명에게 인형을 2개씩 나눠주려고 해. 인형은 모두 몇 개 필요할까?

이는 어떻게 계산할까? '나눠주려고' 하는 것이므로 위처럼 나눗셈을 해야 할까? 그럼 10÷2=5(개)를 하면, 사람은 10명이고, 인형은 5개이므로 인형 수가 사람 수보다 적게 돼. 그림을 그려서 나타내 보자.

인형을 10명이 2개씩 가지려면 10×2=20(개)가 필요해. 즉 필요한 전체 인형의 수는 곱셈으로 구해.

이렇게 '나눠준다'라는 말이 문제에 있다고 해서 항상 나눗셈을 하는 건 아니야. 문제 전체의 뜻을 잘 이해한 후 식을 세워야 해.

이젠 산타가 사탕을 몇 개 준비해야 하는지 알았겠지? "20명에게 2개씩 나눠주어야" 하므로 필요한 전체 사탕의 수는 20×2=40(개)야.

아하! 개념

'나누기(÷)'와 '나누어 주다'는 서로 다른 의미를 가지고 있다.

무조건 ×, ÷부터 계산한다 (X)

이상하다, 이상해?

- 기준이는 왜 피라미드를 구경하지 못했을까?
- 어떤 순서로 계산해야 할까?

"이상하네? 스핑크스가 계산을 못하나 봐. 곱셈(×), 나눗셈(÷)을 가장 먼저 계산하고, 앞에서부터 순서대로 계산하면 되잖아. 그런데 왜 틀렸다고 하지? 먼저, 곱셈과 나눗셈 계산해서 4×38=152, 20÷4=5이고, 순서대로 덧셈과 뺄셈을 하면 152 맞잖아."

이렇게 생각한다면, 혼합 계산을 하는 방법을 정확히 모르고 있는 거야. 물론 +, -, ×, ÷처럼 사칙 연산만 있을 경우에는 ×, ÷을 먼저 계산하지만, ( ), { }가 있을 경우에는 계산 순서가 달라져.

자! 지금부터 혼합 계산을 어떤 순서대로 하는지 알아보고, 위의 식을 바르게 계산한 값이 얼마인지 알아보자.

오개념 탈출 혼합 계산

괄호 안을 먼저 계산해.

덧셈, 뺄셈, 곱셈, 나눗셈이 함께 있는 식은 계산 순서는 매우 중요해. 순서가 바뀌면 전혀 다른 답이 나오게 돼. 따라서 혼합 계산에서 계산 순서를 잘 알아두어야 해.

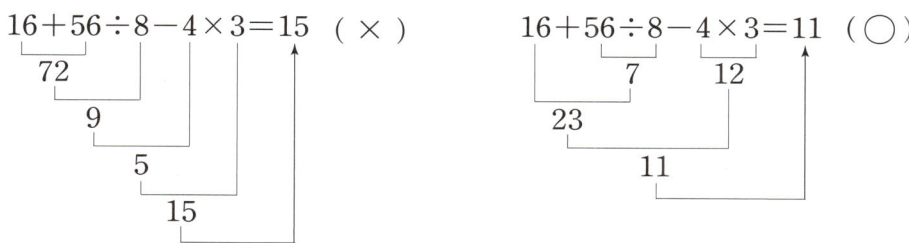

보통 덧셈과 뺄셈만 있거나 곱셈과 나눗셈만 있는 계산을 할 때는 앞에서부터 순서대로 계산해. 하지만 덧셈, 뺄셈, 곱셈, 나눗셈이 섞여 있을 때에는 곱셈과 나눗셈을 먼저 계산해야 해. 만약 계산 순서를 지키지 않을 경우에는 위와 같이 완전히 다른 계산 값이 나오게 돼.

특히, 계산에 괄호가 있는 경우는 괄호 안의 계산을 가장 먼저 해야 해. 또한 괄호 중에서도 ( )안의 계산을 먼저 하고, 그 다음에 { } 안을 계산해.

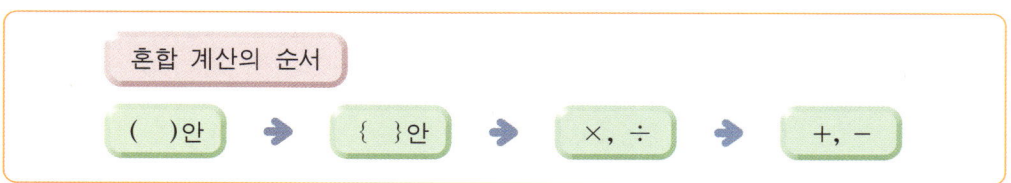

이와 같은 순서대로 스핑크스의 문제를 풀어 보면, 38이 나와.

어때? 곱셈과 나눗셈을 먼저 계산한 값과 아주 큰 차이가 나지?

이젠 기준이가 왜 피라미드 구경을 못하는지 알겠지?

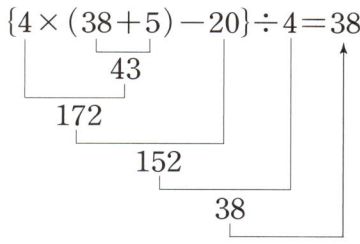

아하! 개념

혼합 계산을 할 때에는
'괄호'→'곱셈과 나눗셈'→'덧셈과 뺄셈'의 순서로 계산한다.

25 무조건 ×, ÷ 부터 계산한다 (×)

오개념 26 | 50℃의 물에 50℃의 물을 더 부으면 100℃이다(X)

오개념 27 | 2km 63m는 263m이다(X)

오개념 28 | ◢ 도 삼각형이다(X)

오개념 29 | 선분 3개만 있으면 삼각형을 만들 수 있다(X)

오개념 30 | 둔각삼각형의 세 각은 둔각이다(X)

오개념 31 | ∠ 은 다각형이다(X)

오개념 32 | 직사각형은 정사각형이다(X)

오개념 33 | ⬭ 도 원이다(X)

오개념 34 | 원 위의 두 점을 이으면 원의 지름이 된다(X)

오개념 35 | 폭을 똑같이 자르면 똑같이 나누어 진다(X)

오개념 36 | 1000mL의 $\frac{1}{2}$ mL는 500mL이다(X)

오개념 37 | $\frac{2}{3}$ 는 $\frac{1}{3}$ 보다 항상 크다(X)

오개념 38 | $\frac{1}{3} + \frac{1}{3} = \frac{2}{6}$ (X)

50°C의 물에 50°C의 물을 더 부으면 100°C이다 (X)

이상하다, 이상해?

- 왜 물이 끓지 않은 걸까?
- 50°C의 물에 50°C의 물을 더 부으면 몇 °C일까?
- 50°C의 물이 100°C가 되려면 어떻게 해야 할까?

"물은 100°C에서 끓어. 그리고 50＋50＝100이잖아. 그럼 50°C의 물에 50°C인 물을 합했으니깐 100°C가 되잖아. 그런데 왜 물이 끓지 않은 걸까? 계산기로 계산해도 50＋50＝100인데……. 혹시 과학 선생님이 물이 끓는 온도를 잘못 알고 계신 건 아닐까?"라고 생각할 수도 있어.

하지만 이것은 어떤 상황이든 무조건 수의 덧셈을 할 수 있다고 생각했기 때문에 생기는 오개념이야. 상황에 따라서는 수의 덧셈을 할 수 없는 경우도 있거든.

자! 지금부터 어떤 경우에 수의 덧셈을 할 수 없는 지 알아보고, 어느 때 온도를 더하는 식(50°C＋50°C＝100°C)을 사용할 수 있는지 알아보자.

오개념탈출 덧셈과 뺄셈의 활용

물 1방울에 1방울을 더하면 1방울이야.

물 1L에 물 1L를 더하면 몇 L일까? 1+1=2이므로 2L야. 그럼 물 1방울에 물 1방울을 합하면 몇 방울이 될까? 바로 1방울이야. 이건 난센스 퀴즈로 많이 풀어 봤을 거야. 하지만 이 문제에는 아주 중요한 개념이 숨어 있어. 바로 1+1은 반드시 2처럼 덧셈의 계산 방법이 맞지 않는 상황이 있다는 거야. 즉 모두 물의 양을 구하는 문제지만 전체 양(L)을 묻느냐, 방울의 수를 묻느냐에 따라 결과가 달라져.

상황에 따라 정답이 달라져.

"50℃의 물에 50℃ 물을 더 부으면 몇 ℃가 됩니까?"라는 질문은 계산이 필요하지 않아. 이는 물의 양만 더 늘어나는 것일 뿐 온도의 변화는 없어. 만약 이 상황을 식으로 나타낸다면 50℃+50℃=50℃가 돼. 즉 수학적으로는 말이 되지 않는 계산 방법이 나오게 되는 거야.

그럼 다음과 같은 질문의 대답은 어떻게 할까? "50℃의 물의 온도를 50℃ 더 올리면 물의 온도는 몇 ℃ 입니까?" 50℃에 50℃를 더 올렸으므로 50℃+50℃=100℃라는 덧셈식도 세울 수 있지.

이렇게 같은 상황이어도 무조건 수를 더해서는 안 돼. 묻는 질문의 상황에 따라 그 답이 달라지거든.

이젠 왜 물이 끓지 않은지 알 수 있겠지? 물의 양만 늘어날 뿐 온도는 변화가 없어. 특히 더하는 수에 ℃, cm, kg처럼 단위가 붙어 있다면 한 번 더 문제를 읽어 보도록 해.

아하! 개념

50℃의 물에 50℃의 물을 더 부어도 50℃이다.

27. 2km 63m는 263m이다(X)

이상하다, 이상해?

- 왜 보물이 나오지 않는 걸까?
- km와 m는 어떤 관계가 있을까?
- 2km 63m는 몇 m일까?

"이상하네? 지도에 표시된 대로라면 지금 있는 곳에서 2km 63m를 파내려 가면 보물이 있어야 하잖아. 그러니깐 263m를 파면 보물이 나와야 하는 거 맞는데? 혹시 가짜 보물 지도 아니야? 아니면 다른 사람이 이미 보물을 파 가지고 갔나?"

이렇게 생각했다면 km와 m 사이의 관계를 잘못 알고 있는 거야. 길이의 단위 사이의 관계를 제대로 안다면 보물이 몇 m 아래에 있는지 알 수 있어.

자! 지금부터 길이의 단위(mm, cm, m, km) 사이의 관계를 알아보고, 보물을 찾으려면 몇 m를 파야 하는지 알아보자.

오개념탈출 길이의 단위 사이의 관계

mm, cm, m, km의 관계를 알아보자.

"나는 10000cm 달리기에서 1등을 했어.", "나도 100m 달리기에서 1등을 했어." 이 두 말은 같은 말일까? 다른 말일까? 100m를 cm 단위로 바꾸면 10000cm가 돼. 따라서 100m와 10000cm는 같은 길이야.
이렇게 길이의 단위 사이에는 어떤 관계가 있어.

우리가 사용하는 자를 자세히 들여다보면, 0과 1사이에 작은 눈금이 10칸이 있는 걸 볼 수 있어. 이렇게 1cm를 10칸으로 나눈 한 칸을 '**1mm**'라고 해. 또 '1m'를 100칸으로 나눈 한 칸을 '**1cm**', 1km를 1000칸으로 나눈 한 칸을 '**1m**'고 해.

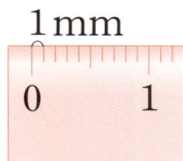

길이의 단위 사이의 관계를 그림으로 나타내면 아래와 같아.

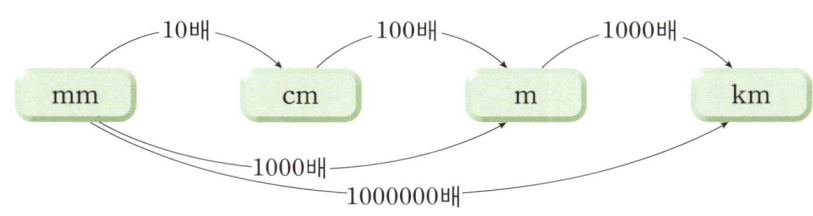

$$1km = 1000m = 100000cm = 1000000mm$$

이젠 보물이 있는 곳까지 파려면 몇 m를 파야 하는지 알 수 있겠지? 1km는 1000m이니까 2km는 2000m가 돼. 따라서 보물은 2km 63m = 2000m + 63m = 2063m 아래에 묻혀 있는 거야. 263m를 팠으니 보물을 찾으려면 한참 더 땅을 파야겠군.

아하! 개념

1km = 1000m이므로
2km 63m = 2000m + 63m = 2063m이다.

 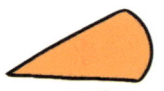 도 삼각형이다(X)

이상하다, 이상해?

- 왜 피노키오의 코만 길어졌을까?
- 피노키오가 그린 도형은 왜 삼각형이 아닐까?
- 삼각형의 특징은 무엇일까?

"왜 피노키오만 코가 길어진 걸까? 삼각형은 3개의 선으로 둘러싸여 있는 도형이잖아. 피노키오도 3개의 선으로 둘러싸인 도형을 그렸잖아. 틀림없이 선도 3개이고, 점도 모두 3개잖아. 그럼 왜 피노키오 코만 길어진 거지? 혹시 피노키오가 다른 거짓말을 한 것은 아닐까?"

삼각형의 뜻을 정확히 알고 있다면, 피노키오의 코가 왜 길어졌는 지 금세 알 수 있을 거야. 3개의 선으로 둘러싸여 있다고 해서 모두 삼각형은 아니거든.

자! 지금부터 삼각형의 정확한 뜻을 알아보고, 피노키오의 코가 왜 길어졌는지 알아보자. 그리고 삼각형의 특징에 대해서도 알아보자.

오개념 탈출 삼각형 1

삼각형은 3개의 선분으로 둘러싸여 있는 도형이야.

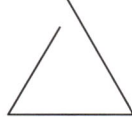 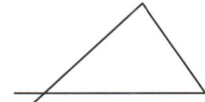 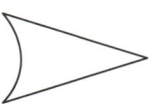

위의 도형 중 삼각형은 무엇일까? 보통 3개의 선으로 이루어져 있으면 삼각형이라고 생각해. 하지만 단순히 선이 아니라 선분, 즉 **'삼각형'** 은 3개의 선분으로 둘러싸인 도형을 말해. 이때, 삼각형을 이루는 선분을 **'변'** 이라 하고, 변과 변이 만나서 생기는 점을 **'꼭짓점'** 이라고 해.

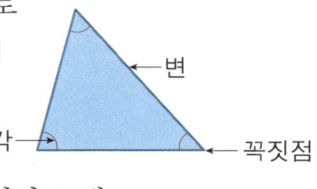

따라서 위의 첫 번째 도형처럼 모두 선분이지만 만나지 않거나, 두 번째 도형처럼 선분이 겹치면 삼각형이 아니야. 또한 세 번째 도형처럼 한 변이 곡선으로 이루어져 있어도 삼각형이 아니야. 따라서 위의 도형은 모두 삼각형이 아니야.

이젠 피노키오의 코가 왜 길어졌는지 알겠지? 피노키오가 그린 삼각형은 한 변이 선분이 아니라 곡선이기 때문이야. 따라서 삼각형이라고 할 수 없어.

변의 길이에 따라 삼각형의 이름이 달라.

삼각형은 변의 길이에 따라 특별한 이름을 갖기도 해.

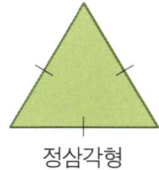 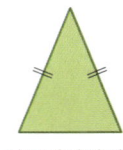 

정삼각형   이등변삼각형   부등변삼각형

세 변의 길이가 모두 같으면 **'정삼각형'** 이라고 하고, 두 변의 길이가 같으면 **'이등변삼각형'** 이라고 해. 그리고 세 변의 길이가 모두 다르면 **'부등변삼각형'** 이라고 해. 이때, 세 변의 길이가 모두 같은 정삼각형은 이등변삼각형이라고 할 수 있어.

아하! 개념

삼각형은 세 개의 선분으로 둘러싸인 도형이다.

선분 3개만 있으면 삼각형을 만들 수 있다(X)

이상하다, 이상해?

- 왜 피노키오는 삼각형을 만들지 못했을까?
- 삼각형을 만들려면 어떤 조건이 필요할까?

"정말 이상하네? 세 개의 선분만 있으면 삼각형이 만들어지는 거 아닌가? 잘 봐. 할아버지도 하나, 둘, 셋, 3개의 막대를 준비했고, 피노키오도 하나, 둘, 셋, 3개의 막대를 준비했어. 그런데 왜 할아버지만 삼각형이 만들어지고, 피노키오는 삼각형이 만들어지지 않은 걸까?"

이는 피노키오가 삼각형을 이루는 변의 길이의 관계를 잘 모르기 때문에 삼각형을 만들지 못한 거야. 무조건 선분만 3개 잇는다고 삼각형이 만들어지진 않아.

자! 지금부터 삼각형의 변의 길이는 서로 어떤 관계가 있는지 알아보고, 피노키오가 어떤 실수를 한 것인지 알아보자.

오개념 탈출 삼각형 2

삼각형의 한 변의 길이는 다른 두 변의 합보다 짧아.

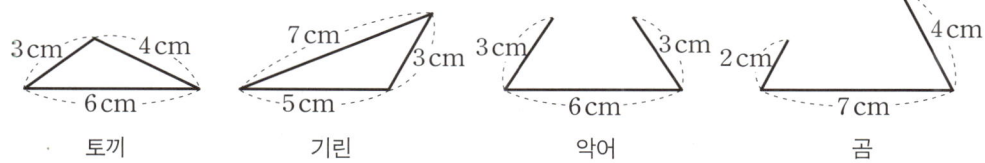

각각 선분 3개씩을 가지고 위와 같이 삼각형을 만들었는데 토끼와 기린만 삼각형을 만들고, 악어와 곰은 삼각형을 만들지 못했어. 왜 그럴까?

먼저, 토끼와 기린이 만든 삼각형의 변의 길이를 살펴보자. 토끼와 기린의 삼각형의 변의 길이는 가장 긴 변의 길이가 다른 두 변의 길이의 합보다 더 짧아.

그럼, 악어와 곰이 만든 삼각형의 변의 길이는 어떨까? 악어의 가장 긴 변의 길이는 다른 두 변의 길이의 합과 같고, 곰의 가장 긴 변의 길이는 다른 두 변의 길이의 합보다 짧아.

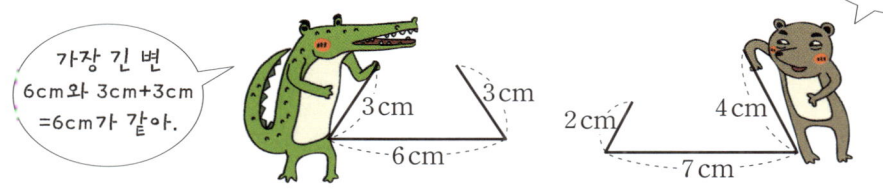

즉 삼각형은 가장 긴 변의 길이가 다른 두 변의 길이의 합보다 짧아야 해.

이젠 피노키오가 왜 삼각형을 만들지 못했는지 알겠지? 가장 긴 파란색 막대가 다른 두 막대의 길이의 합보다 더 길어. 그래서 삼각형이 만들어지지 않았던 거야.

아하! 개념

삼각형의 한 변의 길이는 다른 두 변의 길이의 합보다 짧다.

㉓ 선분 3개만 있으면 삼각형을 만들 수 있다 (X)

30 둔각삼각형의 세 각은 둔각이다(X)

이상하다, 이상해?

- 나무꾼과 산신령의 말 중 누구의 말이 맞는 걸까?
- 둔각삼각형은 어떤 삼각형을 말하는 걸까?
- 둔각삼각형의 둔각은 몇 개일까?

"예각삼각형의 세 각은 모두 예각이야. 그럼 둔각삼각형의 세 각도 모두 둔각이어야 하는 거 아닌가? 산신령이 준 도끼는 한 각이 둔각이고, 두 개의 각이 예각이면, 예각이 더 많으니깐 예각삼각형이라고 해야 하는 거 아냐? 그런데 왜 둔각삼각형이라고 하는 거지?"

직각 90°
예각 직각보다 작은 각
둔각 직각보다 크고, 180°보다 작은 각

이 질문의 답은 삼각형의 세 각의 크기의 합에 숨어 있어. 삼각형의 세 각의 크기의 합을 알면 아주 쉽게 이해가 될 거야.

자! 지금부터 삼각형의 세 각의 크기의 합을 알아보고, 왜 둔각삼각형의 세 각이 둔각이 아닌지 알아보기로 하자.

오개념 탈출 삼각형의 종류

둔각삼각형은 한 각만 둔각이야.

삼각형을 변의 길이에 따라 정삼각형, 이등변삼각형, 부등변삼각형으로 분류한 것처럼 각의 크기에 따라서도 삼각형을 분류할 수 있어.

세 각이 모두 예각인 삼각형을 '**예각삼각형**', 한 각이 직각인 삼각형을 '**직각삼각형**', 한 각이 둔각인 삼각형을 '**둔각삼각형**'이라고 해.

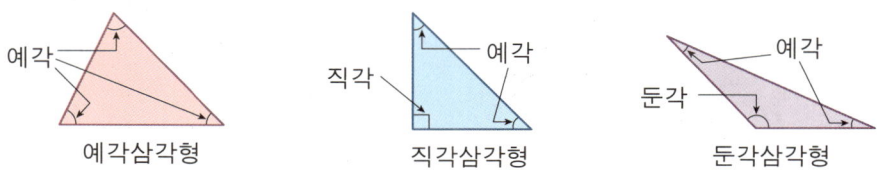

그런데 왜 예각삼각형은 모든 각이 예각이고, 둔각은 한 각만 둔각일까? 이는 삼각형의 세 각의 크기의 합을 알아보면 쉽게 알 수 있어.

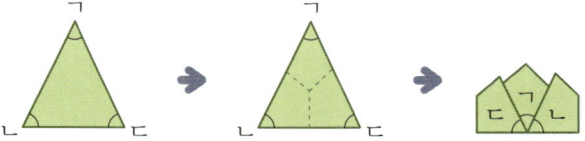

삼각형을 위와 같이 잘라서 세 각을 모으면 일직선 위에 놓여. 일직선은 180°이므로, 삼각형의 세 각의 크기의 합은 180°야.

이때, 삼각형의 한 각이 둔각인 100°라고 하면, 나머지 두 각의 합은 80°(180°−100°=80°)야. 따라서 두 각의 합이 80°이므로 나머지 두 각은 90°보다 작은 예각일 수밖에 없어.

직각삼각형도 한 각이 90°이면, 나머지 두 각의 합이 90°(180°−90°=90°)이므로 나머지 두 각은 예각이야.

즉 한 각이 직각이거나 둔각이면 다른 두 각은 반드시 예각일 수 밖에 없어.

이젠 왜 둔각삼각형의 나머지 두 각이 예각일 수밖에 없는지 알 수 있겠지? 산신령이 준 도끼는 한 각이 둔각이므로 둔각삼각형 도끼가 맞아.

아하! 개념

둔각삼각형의 한 각은 둔각이고, 나머지 두 각은 예각이다.

31 ∠은 다각형이다(X)

이상하다, 이상해?

- 각은 왜 다각형이 아닐까?
- 다각형은 무엇일까?

"각은 원처럼 곡선으로 이루어져 있지도 않은데 왜 다각형이 아니라고 하지? 더군다나 삼각형, 사각형, 오각형, 육각형 등 다각형의 이름에는 모두 '각'이라는 말이 들어가잖아. 그리고 다각형(多角形)은 각이 많은 도형을 말하는 거 아닌가? 그런데 각이 다각형이 아니란 건 좀 이상해. 혹시 삼각형이 다각형에 대해 잘 모르고 있는 것은 아닐까?"

삼각형은 다각형의 뜻을 아주 잘 알고 있어. 다각형은 각이 많은 도형이지만 중요한 개념이 숨어있어. 다각형의 뜻을 정확히 알면, 각이 다각형이 아닌 이유를 쉽게 알 수 있을 거야.

자! 지금부터 다각형의 뜻을 알아보고, 각이 다각형이 아닌 이유를 찾아보자. 또 삼각형, 사각형 등 다각형의 이름을 어떻게 짓는지도 알아보자.

오개념 탈출 다각형

다각형은 선분으로 둘러싸인 도형을 말해.

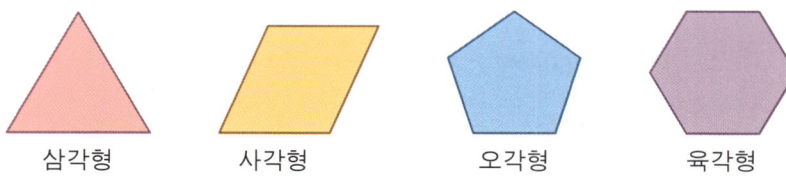

삼각형, 사각형, 오각형, 육각형은 다각형이야. 이 도형들을 왜 다각형이라고 부를까? 단순히 각이 많은 도형이라서 그럴까? 그렇지 않아.

'**다각형**'은 3개 이상의 선분으로 둘러싸인 도형을 말해. 그래서 다각형은 이름도 선분의 개수에 따라 붙여. 선분 3개로 둘러싸인 도형은 삼각형, 선분 4개로 둘러싸인 도형은 사각형, 선분 5개로 둘러싸인 도형은 오각형, 선분 6개로 둘러싸인 도형은 육각형이라고 해.

특히 세 변의 길이와 세 각의 크기가 모두 같은 삼각형을 정삼각형, 네 변의 길이와 네 각의 크기가 모두 같은 사각형을 정사각형이라 해. 이렇게 다각형 중에서 변의 길이와 각의 크기가 모두 같은 다각형을 '**정다각형**'이라고 해.

따라서 원이나 부채 모양 도형처럼 곡선으로 둘러싸인 도형이나 3개 이상의 선분으로 이루어져 있지만 둘러싸여 있지 않으면 다각형이 아니야.

이젠 각이 왜 다각형이 아닌지 알겠지?
각은 선분으로 이루어져 있지만, 선분이 2개뿐이고, 또 선분으로 둘러싸여 있지도 않아. 따라서 각은 다각형이 아니야.

아하! 개념

다각형은 3개 이상의 선분으로 둘러싸인 도형이다.

직사각형은 정사각형이다(X)

이상하다, 이상해?

- 왜 정사각형은 직사각형 파티에 들어갈 수 있었을까?
- 왜 직사각형은 정사각형 파티에 들어가지 못할까?
- 직사각형과 정사각형은 어떤 관계가 있을까?
- 여러 가지 사각형 사이에는 어떤 관계가 있을까?

"이건 너무 불공평해. 정사각형은 직사각형 파티에 입장했는데 왜 직사각형은 정사각형 파티에 입장하지 못하는 거야? 정사각형은 직사각형이잖아. 그러니까 직사각형도 정사각형이 될 수 있는 거 아닐까?"

정사각형은 직사각형이라고 할 수 있지만, 직사각형은 정사각형이라고 할 수 없어. 이는 직사각형과 정사각형의 뜻을 잘 생각해보면 쉽게 알 수 있어. 그리고 여러 사각형들 사이에는 관계가 있어.

자! 지금부터 정사각형과 직사각형의 관계를 알아보고, 왜 직사각형이 정사각형이 될 수 없는지 알아보자. 그리고 다른 여러 사각형의 뜻을 알아보고, 그들 사이에 어떤 관계가 있는지 알아보기로 하자.

오개념탈출 사각형의 포함 관계

사각형을 분류해 보자.

직사각형, 정사각형, 평행사변형, 마름모, 사다리꼴은 모두 4개의 선분으로 둘러싸여 있으므로 사각형이야. 4개의 선분으로 둘러싸인 사각형은 변과 꼭짓점 모두 4개씩 있어. 그럼 사각형들의 뜻을 알아보고, 이들 사이에 어떤 관계가 있는 지 하나하나 살펴보자.

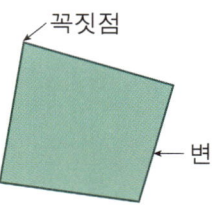

네 각이 모두 직각인 직사각형과 정사각형!

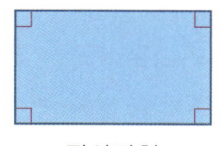
직사각형

정사각형

'**직사각형**'은 네 각이 모두 직각인 사각형을 말해. 따라서 마주 보는 두 변의 길이가 서로 같아.

'**정사각형**'은 네 각이 모두 직각이고, 네 변의 길이도 같은 사각형을 말해.

즉 네 각만 직각이면 직사각형이고, 네 각이 직각이면서 네 변의 길이까지 같으면 정사각형이야.

평행인 변의 개수에 따른 평행사변형, 사다리꼴, 마름모!

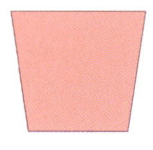
사다리꼴

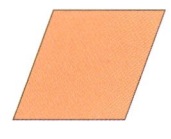
평행사변형

마름모

마주 보는 변이 평행인 변의 개수가 몇 쌍이냐에 따라서 사각형을 분류할 수 있어. 마주 보는 한 쌍의 변이 서로 평행인 사각형을 '**사다리꼴**', 마주 보는 두 쌍의 변이 서로 평행인 사각형을 '**평행사변형**'이라고 해. 그리고 마주 보는 두 쌍의 변이 평행하면서 네 변의 길이까지 같은 사각형을 '**마름모**'라고 해.

사각형 사이의 관계를 알아보자.

정사각형은 직사각형이라고도 할 수 있어. 또한 정사각형은 평행사변형, 사다리꼴이라고도 말할 수 있어. 이렇게 사각형들 사이에는 어떤 관계가 있어. 정사각형, 직사각형, 사다리꼴, 평행사변형, 마름모는 서로 어떤 포함 관계를 가지고 있는지 하나씩 살펴보자.

사다리꼴   평행사변형   마름모   직사각형   정사각형

평행사변형, 마름모, 직사각형, 정사각형은 모두 사다리꼴이야.

마주 보는 한 쌍의 변이 평행인 사각형은 모두 사다리꼴이라고 할 수 있어. 따라서 평행사변형, 마름모, 직사각형, 정사각형은 모두 두 쌍의 변이 평행이므로 사다리꼴이라고 할 수 있어.

하지만 사다리꼴은 한 쌍의 변만 평행이므로 평행사변형이나 마름모라고 할 수 없어. 또 네 각이 모두 직각이 아니므로 직사각형이나 정사각형이라고도 할 수 없어.

마름모, 직사각형, 정사각형은 모두 평행사변형이야.

마주 보는 두 쌍의 변이 평행인 사각형은 모두 평행사변형이라고 할 수 있어. 따라서 마름모, 직사각형, 정사각형은 모두 두 쌍의 변이 평행이므로 평행사변형이라고 할 수 있어.

하지만 평행사변형은 네 변의 길이가 모두 같지 않으므로 마름모라고 할 수 없어. 또 네 각이 모두 직각이 아니므로 직사각형이나 정사각형이라고도 할 수 없어.

정사각형은 마름모야.

마주 보는 두 쌍의 변이 평행이고, 네 변의 길이가 같은 사각형은 모두 마름모라고 할 수 있어. 따라서 직사각형과 평행사변형은 마주 보는 두 쌍의 변은 평행이지만, 네 변의 길이가 같지 않으므로 마름모라고 할 수 없어. 따라서 마주 보는 두 쌍의 변이 평행이고, 네 변의 길이가 모두 같은 정사각형만 마름모라고 할 수 있어.

하지만 마름모는 네 각이 모두 직각이 아니므로 정사각형이라고는 할 수 없어.

정사각형은 직사각형이야.

네 각이 모두 직각인 사각형은 직사각형이라고 할 수 있어. 따라서 네 각이 모두 직각인 정사각형은 직사각형이라고 할 수 있어.

하지만 직사각형은 정사각형이라고 할 수 없어. 왜냐하면 직사각형은 네 변의 길이가 모두 같지 않기 때문이야.

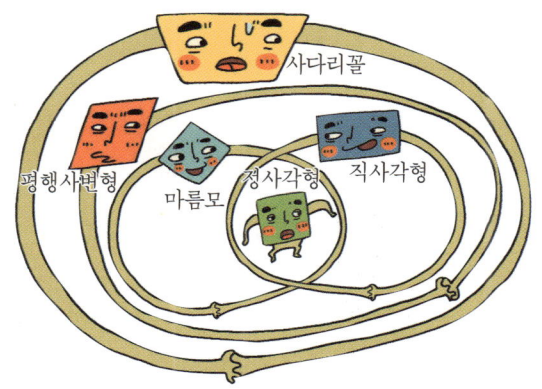

지금까지의 사각형의 관계를 간단히 정리하면 위와 같아.

이젠 직사각형이 왜 정사각형의 파티에 입장하지 못하는지 알 수 있겠지? 직사각형은 네 각이 모두 직각이지만 네 변의 길이가 모두 같지 않기 때문에 정사각형의 파티에 입장하지 못 하는 거야.

아하! 개념

정사각형은 직사각형이라고 할 수 있지만, 직사각형은 정사각형이라고 할 수 없다.

33

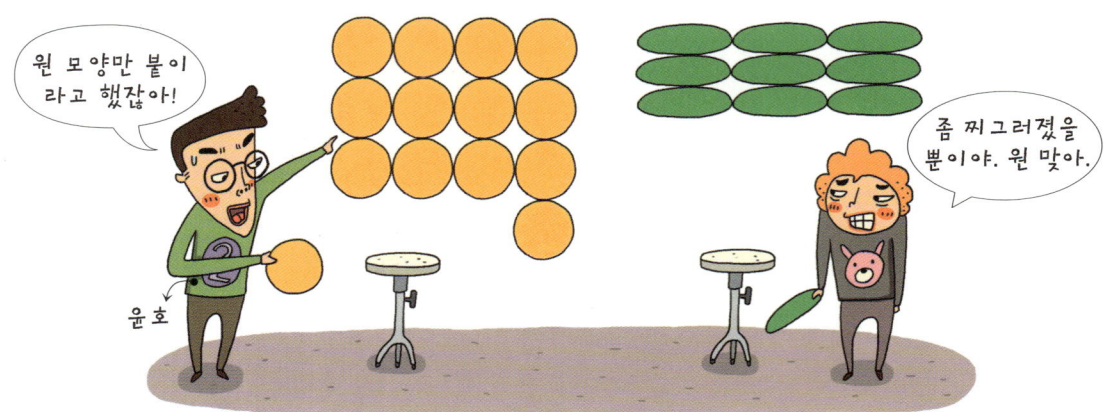

이상하다, 이상해?

- 윤호는 왜 화를 낸 걸까?
- 원은 무엇일까?
- ⬭ 은 무엇일까?

"윤호가 왜 화를 내는 걸까? 동생이 삼각형, 사각형, 오각형을 붙인 것도 아니잖아. 원은 동그란 모양을 말하는 거잖아. 윤호처럼 완전히 동그란 모양은 아니지만 동그란 모양이 찌그러졌을 뿐 찢어진 것도 아닌데 말이야. 찌그러졌다고 동그라미가 아닌 건 아니잖아."

이는 동생이 원의 뜻을 잘 모르고 있어서 생긴 일이야. 동그란 모양이라고 해서 모두 원이라고 하지 않아. 일상 생활에서 동그란 모양을 모두 원이라고 생각하고 사용하는 경우가 많아. 하지만 이는 수학에서는 아주 큰 오개념이야.

자! 지금부터 원의 뜻을 알아보고, 동생이 붙인 도형이 왜 원이 아닌지 차근차근 알아보자.

오개념 탈출 원

원은 한 점에서 일정한 거리에 있는 점들로 이루어져 있어.

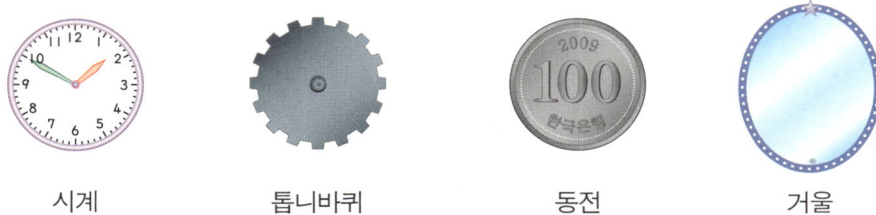

시계 톱니바퀴 동전 거울

 위의 모양은 모두 둥근 모양을 하고 있어. 이렇게 둥근 모양을 우리는 흔히 동그라미라고 하고, 또 원이라고도 해. 하지만 4가지 모양 중 톱니바퀴와 거울은 원이 아니야.

 원은 컴퍼스를 이용해서 한 끝점을 고정시킨 채 다른 한 끝점을 한 바퀴 돌려서 그릴 수 있어. 이때, 컴퍼스로 고정시킨 점을 '**원의 중심**'이라고 해.

 이 원의 중심에서 원 위의 한 점까지의 거리를 재어 봐. 원 위의 어느 한 점이든지 원의 중심으로부터 모두 같은 거리에 있어. 이렇게 '**원**'은 한 점에서 일정한 거리에 있는 점들로 이루어진 도형을 말해. 즉 동그란 모양이 조금이라도 찌그러져 있으면 원의 중심으로부터 원 위의 한 점까지의 거리가 모두 같지 않으므로 원이라고 할 수 없어.

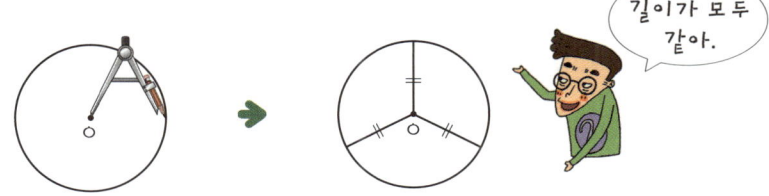

 톱니바퀴와 거울의 한가운데 한 점을 찍고, 그 가장자리까지의 거리를 재어보면 모두 같지 않아. 따라서 거울과 톱니바퀴는 원이라고 할 수 없어.

 이젠 윤호가 왜 화를 냈는지 알 수 있겠지? 동생이 붙인 동그라미 모양은 찌그러져 있기 때문에 원이라고 할 수 없어.

아하! 개념

원은 한 점에서 일정한 거리에 있는 점들로 이루어져 있다.

34. 원 위의 두 점을 이으면 원의 지름이 된다(X)

이상하다, 이상해?

- 왜 외계인마다 지름의 길이를 다르게 말하는 걸까?
- 원의 지름의 길이는 어떻게 재어야 할까?
- 위의 원의 지름의 길이는 몇 cm일까?

"이상하네? 왜 원의 지름의 길이를 모두 다르게 말하지? 원의 지름은 원 위의 두 점을 이은 선분이잖아. 빨간색, 보라색, 노란색 외계인 모두 원 위의 두 점을 이어서 길이를 쟀는데……. 왜 외계인마다 잰 길이가 다른 걸까?"

외계인 중 한 명을 제외하고 모두 원의 지름을 어떻게 재는지 모르고 있어. 원 위의 두 점을 잇는다고 해서 모두 원의 지름이 되진 않아.

자! 지금부터 원의 지름을 어떻게 재는지 알아보고, 어떤 외계인이 가장 똑똑한지 알아보자. 그리고 원의 지름과 원의 반지름 사이에는 어떤 관계가 있는지도 알아보자.

오개념 탈출 원의 지름

원의 지름은 원의 중심을 지나.

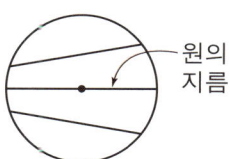
원의 지름

원 위의 두 점을 잇는 선분은 무수히 많이 그을 수 있어. 이 선분 중 가장 긴 선분을 찾아봐. 그게 바로 원의 지름이야. 즉 '**원의 지름**'은 원 위의 두 점을 이은 선분 중 원의 중심을 지나는 선분을 말해.

그러면 한 원 안에서 원의 지름은 몇 개나 그을 수 있을까? 원의 중심을 지나는 선분은 무수히 많이 그을 수 있어. 그리고 한 원에서 원의 지름의 길이는 모두 같아.

이젠 어느 외계인이 지름을 정확히 재었는지 알 수 있겠지? 보라색 외계인과 노란색 외계인은 원의 중심을 지나는 선분의 길이를 재지 않았어. 따라서 원 위의 두 점과 원의 중심을 지나는 선분의 길이를 잰 빨간색 외계인이 정확히 원의 지름의 길이를 잰 거야. 그러므로 왼쪽의 원의 지름의 길이는 6cm야.

원의 지름은 원의 반지름의 2배야.

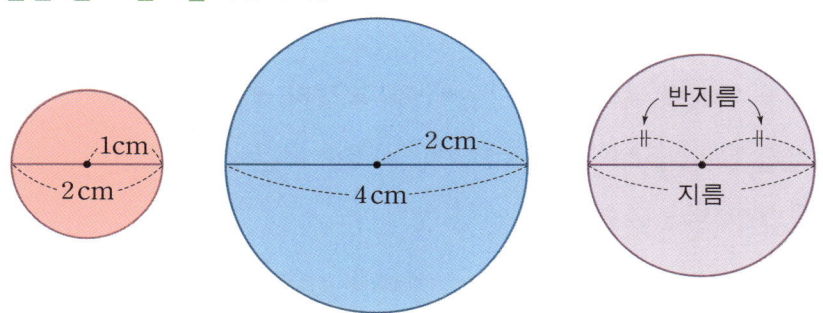

(지름의 길이) = (반지름의 길이) × 2

원의 반지름은 원의 중심에서 원 위의 한 점까지의 거리를 말해. 원의 반지름과 원의 지름은 특별한 관계가 있어. 위 원의 지름과 반지름을 재어 봐. 반지름이 1cm이면, 지름은 2cm이고, 반지름이 2cm이면, 지름은 4cm야. 즉 반지름의 길이를 2배하면, 원의 지름이 돼.

아하! 개념

원의 지름은 원의 중심을 지난다.

폭을 똑같이 자르면 똑같이 나누어진다(X)

이상하다. 이상해?

- 폭을 5cm씩 똑같이 잘랐는데 왜 조각의 크기가 다를까?
- 삼각형 모양 케이크를 어떻게 잘라야 똑같이 나눠질까?
- 똑같이 나눈다는 것은 어떤 뜻일까?

"이상하네? 케이크를 5cm 간격으로 똑같이 잘랐는데 왜 케이크 조각의 크기가 다르지? 직사각형 모양이나 정사각형 모양의 케이크를 같은 간격으로 자르면 크기가 똑같이 잘리는데 말이야. 혹시 기준이가 실수로 폭의 길이를 잘못 잰 건 아닐까?"

삼각형 모양을 똑같이 나누는 방법은 직사각형이나 정사각형의 방법과는 달라. 무조건 폭을 같게 자른다고 똑같이 나누어지지는 않거든.

자! 지금부터 삼각형 모양 케이크를 똑같이 나누는 방법과 삼각형 이외의 다른 도형을 똑같이 나누는 방법에 대해 알아보자.

오개념 탈출 분수(등분할)

모양에 따라 똑같이 나누는 방법이 달라.

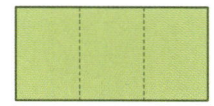 

위의 직사각형 모양의 색종이를 폭을 똑같이 나눈 후 잘라서 조각을 포개어 보면 완전히 겹쳐져. 따라서 위 모양은 똑같이 3조각으로 나누어졌어.

위와 같은 방법으로 정삼각형과 원 모양의 색종이를 똑같이 3조각으로 잘라보자.

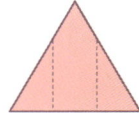 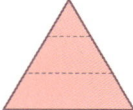 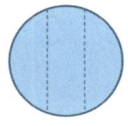 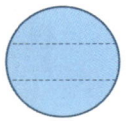

3조각으로 나누어지긴 했지만 모양과 크기가 똑같지는 않아. 이처럼 똑같이 나누는 방법은 모양에 따라 그 방법이 달라. 또한 같은 모양이라도 똑같이 나눌 수 있는 방법은 여러 가지야.

아래처럼 나누면 정삼각형과 원을 똑같이 3조각으로 나눌 수 있어.

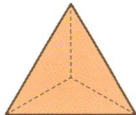 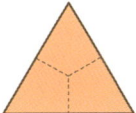 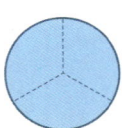

그럼 정삼각형과 원을 똑같이 4조각으로 나누어보자. 원은 '+' 모양으로 나누면 돼. 정삼각형은 어떻게 나눠야 할까? 정삼각형은 오른쪽과 같이 작은 정삼각형으로 나누면 돼.

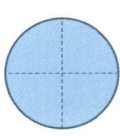 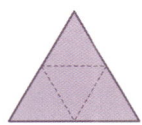

이젠 기준이가 어떤 실수를 했는지 알겠지? 그리고 기준이가 케이크를 어떻게 잘라야 하는지도 잘 알았을 거야. 기준이처럼 폭만 같게 해서 자른다고 해서 똑같이 나누어지지 않아.

아하! 개념

폭을 같게 자른다고 항상 똑같이 나누어지지 않는다.

1000mL의 $\frac{1}{2}$mL는 500mL 이다(X)

이상하다. 이상해?

- 왜 기준이와 우림이의 우유의 양이 다를까?
- 1000mL의 $\frac{1}{2}$과 1000mL의 $\frac{1}{2}$mL는 어떻게 다를까?

"이상하네? 1000mL의 $\frac{1}{2}$과 1000mL의 $\frac{1}{2}$mL는 같은 말 아닌가? mL는 그냥 단위일 뿐인데 단위때문에 기준이에게는 500mL나 주고, 우림이에게는 0.5mL 밖에 주지 않는 건 말도 안 돼. 혹시 로봇이 고장이 난 건 아닐까? 아니면 분수를 전혀 모르는 로봇 아니야?"

1000mL의 $\frac{1}{2}$과 1000mL의 $\frac{1}{2}$mL는 전혀 다른 값이야. 단위가 붙은 것과 그렇지 않은 건 아주 큰 차이거든.

자! 지금부터 1000mL의 $\frac{1}{2}$과 1000mL의 $\frac{1}{2}$mL가 어떤 차이가 있는지 그림을 그려서 살펴보기로 하자.

오개념 탈출 분수(기준량)

$\frac{1}{2}$과 $\frac{1}{2}$mL는 달라.

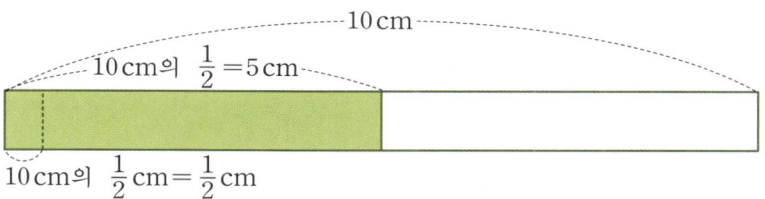

$\frac{1}{2}$은 어떤 것의 절반, 즉 전체를 똑같이 둘로 나눈 것 중 하나를 나타내. 따라서 10cm의 $\frac{1}{2}$은 5cm야. 그럼 10cm의 $\frac{1}{2}$cm는 얼마일까? 10cm의 $\frac{1}{2}$cm는 10cm중에서 $\frac{1}{2}$cm를 나타내. 따라서 10cm의 $\frac{1}{2}$cm도 $\frac{1}{2}$cm이고, 20cm의 $\frac{1}{2}$cm도 $\frac{1}{2}$cm, 1000cm의 $\frac{1}{2}$cm도 $\frac{1}{2}$cm야.

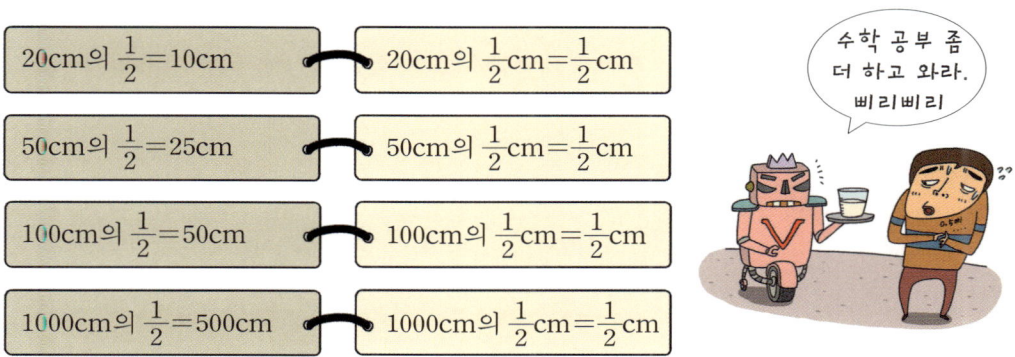

즉 전체의 길이가 아무리 길어도 $\frac{1}{2}$cm는 $\frac{1}{2}$cm를 나타내.
또 10cm의 $\frac{1}{3}$cm는 $\frac{1}{3}$cm, 10cm의 $\frac{1}{4}$cm는 $\frac{1}{4}$cm를 나타내.

이렇게 분수 뒤에 단위가 붙는 것과 그렇지 않은 것은 큰 차이가 있어. cm, m처럼 길이 단위뿐 아니라 g나 kg, mL나 L처럼 단위가 바뀌어도 마찬가지야.

이제 기준이와 우림이의 우유의 양이 왜 다른지 알 수 있겠지?
1000mL의 $\frac{1}{2}$은 500mL이고, 1000mL의 $\frac{1}{2}$mL는 $\frac{1}{2}$mL(=0.5mL)야.

아하! 개념

1000mL의 $\frac{1}{2}$은 500mL이고, 1000mL의 $\frac{1}{2}$mL는 $\frac{1}{2}$mL이다.

개념 37. $\frac{2}{3}$는 $\frac{1}{3}$보다 항상 크다(X)

이상하다, 이상해?

- 왜 $\frac{2}{3}$가 $\frac{1}{3}$보다 작은 걸까?
- 항상 $\frac{2}{3}$는 $\frac{1}{3}$보다 큰 걸까?

"이상하네? 분명히 $\frac{2}{3}$가 $\frac{1}{3}$보다 크잖아. $\frac{2}{3}$는 전체를 3으로 나눈 것 중의 2를, $\frac{1}{3}$은 전체를 3으로 나눈 것 중의 1을 나타내는 거니깐. 당연히 $\frac{2}{3}$가 크잖아. 그리고 $\frac{1}{3}+\frac{1}{3}=\frac{2}{3}$인데 말이야. 그런데 아무리 그림을 들여다봐도 $\frac{2}{3}$가 $\frac{1}{3}$보다 작잖아. 이게 어떻게 된 일일까? 내가 수학공부를 잘못한 걸까?"

분수의 크기를 비교하려면 분자만 비교하면 된다고 생각할 수도 있어. 하지만 분수의 크기를 비교할 때 먼저 생각해야 할 중요한 조건이 있어.

자! 지금부터 여기서 우리가 생각하지 않은 조건이 무엇인지 살펴보고, 분수의 크기를 비교하는 방법을 확실하게 알아보기로 하자.

오개념 탈출 분수의 크기 비교

두 분수의 크기를 비교할 때는 전체가 같아야 해.

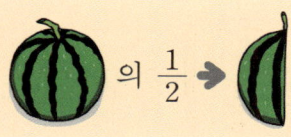 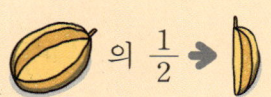

보통 $\frac{1}{2}$과 $\frac{1}{2}$이 같다고 알고 있어. 하지만 위의 수박과 참외는 똑같이 $\frac{1}{2}$로 잘랐지만 그 크기가 달라. 왜 그럴까? 이는 처음부터 자르는 수박과 참외의 크기가 다르기 때문이야. 그러므로 $\frac{1}{2}$의 크기가 다른 것이 당연한 거야. 즉 전체의 크기가 다르면 부분의 크기도 다른 게 당연하겠지?

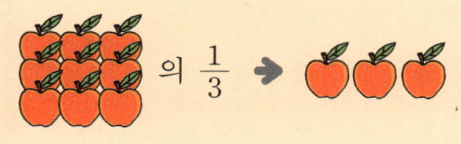 

이번에는 개수로 살펴보자. 사과 9개의 $\frac{1}{3}$은 3개가 되고, $\frac{2}{3}$는 6개가 되지. 이렇게 사과의 전체 양이 같을 때에는 $\frac{2}{3}$가 $\frac{1}{3}$보다 커.

하지만 사과 9개의 $\frac{1}{3}$은 3개이고, 사과 3개의 $\frac{2}{3}$는 2개야. 이렇게 사과 전체의 양이 다를 때는 사과 3개의 $\frac{2}{3}$(2개)가 사과 9개의 $\frac{1}{3}$(3개)보다 적어. 즉 분수를 비교할 때는 전체의 크기와 양을 똑같이 해야 해.

우리가 일반적으로 수학 시간에 $\frac{2}{3}$가 $\frac{1}{3}$보다 더 크다고 말을 하는 건 전체의 크기가 같을 때를 말하는 거야.

이젠 동생이 가진 것이 왜 더 작은지 알겠지? 처음 윤호의 것의 크기가 동생이 가진 것보다 작았기 때문에 윤호 것의 $\frac{2}{3}$가 동생 것의 $\frac{1}{3}$보다 작았던 거야.

아하! 개념

비교하는 전체의 크기나 양이 같을 때 $\frac{2}{3}$는 $\frac{1}{3}$보다 크다.

$\frac{2}{3}$ 는 $\frac{1}{3}$ 보다 항상 크다 (X)

개념 38 $\frac{1}{3}+\frac{1}{3}=\frac{2}{6}$ (X)

이상하다, 이상해?

- 유정이는 왜 빵점을 맞았을까?
- 분수끼리의 덧셈은 어떻게 해야 할까?

"유정이가 왜 빵점을 맞은 거지? 내가 보기엔 100점 같은데……. $\frac{1}{3}+\frac{1}{3}$에서 분모는 3+3=6이고, 분자는 1+1=2니까 $\frac{2}{6}$가 맞잖아. 또 $\frac{3}{5}+\frac{1}{5}$에서 분모는 5+5=10이고, 분자는 3+1=4니까 $\frac{4}{10}$이고, 같은 방법으로 $\frac{2}{4}+\frac{1}{4}$을 분모끼리, 분자끼리 더하면 4+4는 8이고, 2+1은 3이니까 $\frac{3}{8}$이잖아. 계산이 맞는데 왜 빵점인 걸까?"

이렇게 분수의 덧셈을 계산했다면 분수의 덧셈을 어떻게 하는지 전혀 모르고 있는 거야. 분수의 덧셈은 분모는 분모끼리, 분자는 분자끼리 더해서 구하면 안 되거든.

자! 지금부터 분수의 덧셈은 어떻게 계산하는지 하나씩 알아보고, 시험지의 정답을 바르게 고쳐 보자.

오개념탈출 분모가 같은 분수의 덧셈

분모가 같으면 분자만 더하면 돼.

분수의 덧셈을 계산할 때에는 먼저 두 분수의 분모와 분자를 살펴봐야 해.
분모가 같은 분수의 덧셈을 어떻게 해야 하는 지 실생활의 예시를 통해 알아보자.

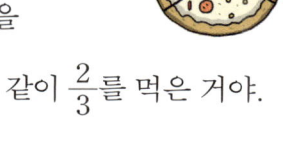

먼저, 1번 문제인 $\frac{1}{3}+\frac{1}{3}$을 알아보자.

유정이가 아침에 피자 $\frac{1}{3}$ 조각을 먹고, 점심에 $\frac{1}{3}$ 조각을 먹었다면 $\frac{1}{3}$씩 2번 먹은 것이므로 먹은 피자는 오른쪽과 같이 $\frac{2}{3}$를 먹은 거야.
즉 $\frac{1}{3}+\frac{1}{3}=\frac{2}{3}$가 되는 거야.

2번 문제인 $\frac{3}{5}+\frac{1}{5}$을 그림을 그려 알아보면, $\frac{3}{5}+\frac{1}{5}=\frac{4}{5}$가 돼.

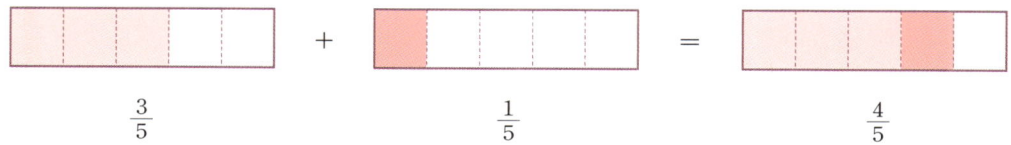

1번과 2번을 푼 식에는 공통점을 찾을 수 있어. 분모가 같은 분수는 분모는 그대로 두고, 분자끼리만 더한다는 걸 알 수 있어.

이젠 유정이가 왜 빵점을 맞았는지 알 수 있겠지? 유정이는 분모가 같은 분수를 분모는 분모끼리, 분자는 분자끼리 더한 거야.

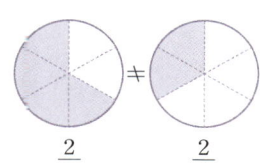

유정이처럼 계산을 하면, $\frac{1}{3}+\frac{1}{3}$의 값이 $\frac{2}{6}$가 되기 때문에, 실제 먹은 양보다 적게 돼.

또 $\frac{2}{4}+\frac{1}{4}$의 계산 역시 마찬가지야. $\frac{2}{4}$에 $\frac{1}{4}$을 더하면 $\frac{2}{4}$보다 커야 하는데 $\frac{3}{8}$은 $\frac{2}{4}$보다 작아. 따라서 $\frac{2}{4}+\frac{1}{4}=\frac{3}{4}$이 돼.

아하! 개념

분모가 같은 분수의 덧셈은 분모는 그대로 두고 분자끼리 더한다.

오개념 39	모든 소수는 1보다 작다(X)
오개념 40	0.12가 0.8보다 크다(X)
오개념 41	14.028은 십사점 이팔(X)
오개념 42	측정값은 실제값과 같다(X)
오개념 43	130 초과이면 130을 포함한다(X)
오개념 44	5380을 반올림하여 천의 자리까지 나타내면 6000이다(X)
오개념 45	╱ ╱은 평행선이 아니다(X)
오개념 46	평행선 위의 두 점을 이으면 모두 평행선 사이의 거리이다(X)
오개념 47	육각형의 대각선은 3개이다(X)
오개념 48	╱ 의 수선은 ╱ 이다(X)
오개념 49	2000g은 0.9kg보다 가볍다(X)
오개념 50	위로 뒤집기 한 모양과 반 바퀴 돌리기 한 모양은 같다(X)

모든 소수는 1보다 작다(X)

이상하다, 이상해?

- 왜 자연수들은 5.5에게 소수 동네로 가라고 했을까?
- 왜 소수들은 5.5에게 소수가 아니라고 했을까?
- 5.5는 소수일까? 아닐까?

 "진짜 헷갈리네? 5.5는 소수일까, 아닐까? 소수처럼 소수점이 있으니까 소수같기도 하고, 0보다 크니까 소수가 아닌 것 같기도 해. 혹시 5.5는 소수도 아니고 자연수도 아닌 내가 모르는 다른 종류에 속하는 것은 아닐까?"
 이처럼 생각한다면, 소수가 무엇인지 모르고 있는 거야. 소수라고 해서 모두 1보다 작은 것은 아니거든. 분수의 종류로 대분수, 진분수, 가분수가 있는 것처럼 소수도 여러 종류로 나눌 수 있어.
 자! 지금부터 소수의 뜻을 정확히 알아보고, 소수의 종류에 대해서도 알아보기로 하자.

오개념 탈출 소수

소수도 분수처럼 여러 종류가 있어.

위의 수 중 소수가 아닌 것을 골라봐. 혹시 1.3과 256.01을 골랐으면 소수는 모두 1보다 작은 수라고 잘못 생각하고 있는 거야. '**소수**'는 1.3과 256.01을 포함하여 일의 자리보다 작은 자릿값을 갖는 수를 말해.

분수에서 $\frac{1}{2}$처럼 분자가 분모보다 작은 분수를 진분수라 하고, $2\frac{1}{2}$처럼 자연수 부분이 있는 분수를 대분수라고 하지. 이처럼 소수도 0.1, 0.2, 0.18, 0.15977처럼 자연수 부분이 없는 소수를 순소수라고 하고, 1.3, 256.01처럼 자연수 부분이 있는 소수를 대소수라고 해.

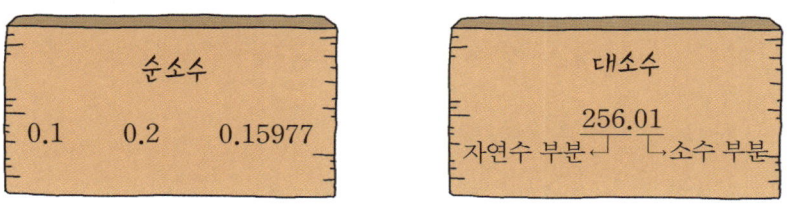

이젠 5.5가 어디로 가야 하는지 알겠지? 5.5는 소수 중에서도 자연수가 있는 소수인 대소수야. 그러므로 소수 동네로 가야겠지?

시시콜콜이야기 - 소수는 어떻게 생겨났을까?

네덜란드의 스테빈은 수학자이자 장교였어. 네덜란드가 스페인으로부터 독립 전쟁을 했던 때에 스테빈은 군자금을 빌리고, 이자를 계산하는 데에 항상 골치가 썩었어. 그 당시에는 분수만 사용했기 때문이지.

그래서 생각해 낸 방법이 $\frac{1}{10}$을 1①로, $\frac{1}{100}$을 1②로, $\frac{1}{1000}$을 1③으로 나타낸 거야. 이 방법대로 2.315를 나타내면 2⊙3①1②5③이 돼.

아하! 개념

5.5도 일의 자리보다 작은 자릿값을 가지므로 소수이다.

0.12가 0.8보다 크다(X)

이상하다, 이상해?

- 어느 짐이 더 가벼운 것일까?
- 0.12와 0.8 중 어느 것이 더 큰 수일까?
- 소수의 크기 비교는 어떻게 해야 할까?

"어떻게 0.8kg짜리 짐이 0.12kg짜리 짐보다 무거울 수가 있는 거지? 12가 8보다 크잖아. 그것도 4나 큰데 말이야. 그런데 어떻게 베짱이가 짊어진 짐이 더 무거운 거지? 혹시 개미와 베짱이의 짐이 바뀐 건 아닐까?"

베짱이처럼 12가 8보다 크니까 당연히 0.12가 0.8보다 크다고 생각했다면, 이는 소수의 크기를 비교하는 방법을 모르고 있는 거야. 소수의 크기를 비교하는 방법은 자연수의 크기를 비교하는 방법과 조금 다르거든.

자! 지금부터 소수의 크기를 비교하는 방법을 알아보고, 왜 베짱이의 짐이 더 무거운지 알아보기로 하자.

오개념탈출 소수의 크기 비교

소수점 아래의 수는 소수점과 가까울수록 큰 자릿값을 나타내.

412 > 55
세 자리 수 ← → 두 자리 수

412 < 418
2 < 8

자연수는 자릿수가 큰 수가 더 커. 그리고 자릿수가 같으면, 높은 자릿수의 숫자부터 차례로 비교해.

그럼, 소수의 크기 비교는 어떻게 할까? 소수의 크기도 자연수처럼 자릿수와 자릿값을 알면 비교하기가 쉬워.

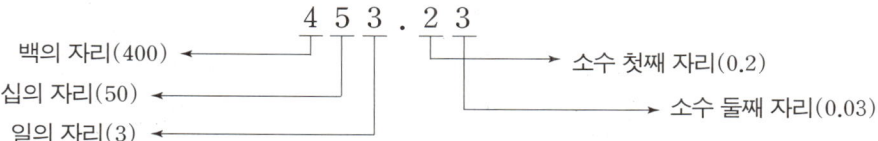

백의 자리(400)
십의 자리(50)
일의 자리(3)
소수 첫째 자리(0.2)
소수 둘째 자리(0.03)

소수의 자연수 부분은 자릿값이 하나씩 늘어날수록 10배씩 커져. 그럼 소수점 아래 소수 부분의 자릿값은 어떨까? 소수점을 기준으로 오른쪽으로 자릿수가 늘어날수록 10배씩 작아져. 즉 소수는 자연수 부분을 비교한 후, 소수 부분을 비교하면 돼.

예를 들어 453.23과 353.96은 자연수 부분이 453 > 353이므로 453.23 > 353.96이야. 또 1.96과 1.436은 자연수 부분이 1로 같으므로 소수 부분을 비교하면 돼. 소수 부분은 자연수처럼 큰 자릿수부터 차례로 비교하면 돼. 따라서 소수 첫째 자리가 9 > 4이므로 1.96 > 1.463이 돼.

이젠 베짱이의 짐이 왜 더 무거운지 알겠지? 0.12와 0.8은 소수 첫째 자리를 비교하면 1 < 8이므로 0.12 < 0.8이야. 따라서 0.8kg의 짐이 0.12kg보다 훨씬 더 무거워.

0.12 > 0.8 (✗)
12 > 8

0.12 < 0.8 (○)
1 < 8

아하! 개념

소수의 크기 비교는 자연수 부분 → 소수 첫째 자리 → 소수 둘째 자리…의 순서로 비교한다.

40 0.12가 0.8보다 크다 (X)

14.028은 십사점 이팔(X)

이상하다, 이상해?

- 왜 실험약이 폭발을 한 걸까?
- 14.028은 어떻게 읽어야 할까?
- 십사점 이팔은 얼마를 나타낼까?

"이상하다? 왜 실험약이 폭발을 했지? 14.028은 앞에 자연수 부분 14를 '십사', 소수점을 '점', 소수 부분 028은 28이니깐 '이팔'이라고 읽으면 "십사점 이팔" 맞는데……. 혹시 박사가 무게를 잘못 측정한 게 아닐까?"

박사의 잘못이라고 생각했다면, 이는 소수를 읽는 방법을 정확히 모르고 있는 거야. '14.028'과 '십사점 이팔'은 아주 큰 차이가 있거든. 특히 소수 부분을 읽는 방법은 자연수 부분을 읽는 방법과 큰 차이가 있어.

자! 지금부터 소수를 읽는 방법을 알아보고, 14.028은 어떻게 읽는지, "십사점 이팔"은 얼마를 나타내는지 알아보기로 하자.

오개념탈출 소수 읽기

소수는 자연수 부분, 소수점, 소수 부분으로 나눠서 읽어.

소수를 읽을 때 소수점 '.'은 '점'으로 읽어. 따라서 0.2는 '영점 이'라고 읽어. 이때, 0을 '공'으로 읽어서 '공점 이'라고 읽으면 안돼. 그럼 0.23은 어떻게 읽을까? 0.23을 '영점 이십삼'이라고 읽지 않아. 소수점 아래의 2는 20이 아니라 0.2를 나타내기 때문에 소수점 아래 숫자는 숫자를 그대로 읽어. 따라서 0.23은 '영점 이삼'이라고 읽어야 해.

그렇다면 25.36처럼 소수점 앞에 자연수가 있는 숫자는 어떻게 읽을까? 이것도 '이오점 삼육'이라고 읽을까? 그렇지 않아. 자연수 부분은 십의 자리, 백의 자리를 나타내므로 자연수를 읽듯이 읽으면 돼. 따라서 25.36은 '이십오점 삼육'이라고 읽어.

14.01처럼 소수점 아래에 0이 있으면 어떻게 읽을까? '십사점 일'이라고 읽으면 안돼. 14.01의 소수 첫째 자리의 '0'은 자리값을 나타내므로 반드시 읽어야 해. 따라서 '십사점 영일'이라고 읽어. 하지만 14.120은 '십사점 일이영'이라고 읽지 않아. 소수점 아래 맨 끝자리 숫자가 0일 경우는 0이 없는 것으로 생각해서 '십사점 일이'라고 읽으면 돼.

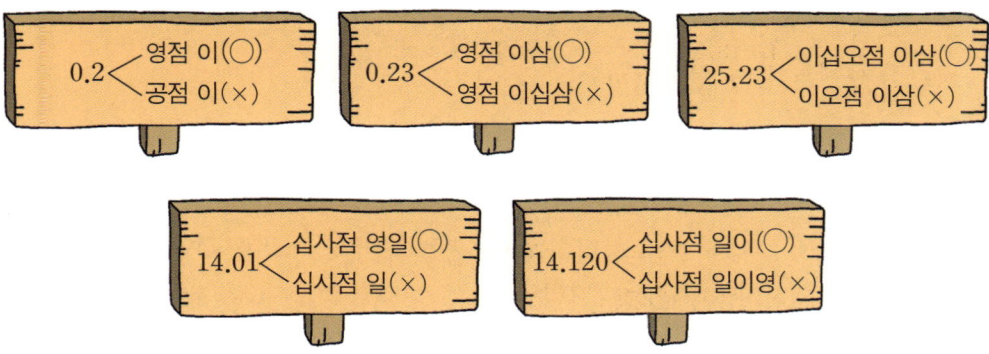

어젠 14.028을 어떻게 읽어야 하는지 알겠지? '십사점 영이팔'이라고 읽어야 해. 조수가 읽은 '십사점 이팔'은 14.28을 나타내는 거야. 그러니까 실험약이 폭발할 수밖에 없지.

아하! 개념

14.028은 '십사점 영이팔', '십사점 이팔'은 14.28이다.

측정값은 실제값과 같다(X)

이상하다, 이상해?

- 왜 고기의 무게가 달라졌을까?
- 둘 중 어느 저울이 정확한 걸까?
- 측정값은 항상 정확할까?

"정육점에서 윗접시 저울에 정확하게 600g을 재어서 고기를 주었어. 그런데 윤호네 집에 있는 전자 저울로 고기의 무게를 재었을 때는 599.5g이 나왔어. 왜 0.5g의 차이가 나는 걸까? 정육점의 저울이 고장이 난 걸까? 아니면 전자 저울이 고장이 난 걸까?"

윗접시 저울도, 전자 저울도 고장이 난 것이 아니야. 이는 얼마나 정확하게 무게를 측정하느냐에 따라 측정값이 달라지기 때문이야.

이는 무게뿐 아니라 시간, 길이를 측정할 때에도 얼마든지 일어날 수 있는 일이야.

자! 지금부터 왜 무게, 시간, 길이의 측정값이 실제값과 차이가 날 수 밖에 없는지 알아보도록 하자.

오개념 탈출 어림하기

측정값은 얼마나 정확하게 측정하느냐에 따라 달라져.

왼쪽 100m 달리기 선수들의 기록에서 볼 수 있듯이 100m 달리기는 아주 순식간에 끝나. 그래서 100m 달리기 경기의 기록을 측정할 때는 시간을 아주 정확하게 측정할 수 있는 시계를 사용해서 기록을 재. 그렇지 않으면 1에서 7등까지 선수들의 기록이 모두 같아질 테니깐 말이야. 만약 우리가 가지고 있는 시계로 올림픽 100m 달리기 선수들의 기록을 잰다면 1등에서 7등까지 선수들의 기록은 모두 9초가 돼. 그럼 우승 선수가 7명이나 되어 버리겠지. 그래서 9.69초처럼 아주 작은 단위까지 잴 수 있는 시계를 사용해서 기록을 측정해. 따라서 우리가 사용하는 시계로 측정한 값은 정확한 측정값이라고 보기 어려워.

이는 시간뿐 아니라 무게, 길이를 잴 때도 마찬가지야.

바늘 체중계로 몸무게를 재면 54.2kg인데, 전자 체중계는 54.28kg으로 0.08kg의 무게 차가 나. 또 줄자로 키를 재었을 때 152.3cm였는데, 병원에서 전자 기계로 재었을 때는 152.39cm로 0.09cm나 차이가 나.

만약 더 미세한 단위까지 잴 수 있는 체중계나 길이를 재는 기계를 사용한다면 몸무게와 키의 측정값은 더 차이가 날 수도 있어. 즉 우리가 측정한 시간, 무게, 길이의 측정값이 완벽하게 실제값과 같다고는 말할 수 없는 거야.

이젠 돼지고기의 무게가 왜 차이가 났는지 알 수 있겠지? 이는 전자 저울이 윗접시 저울보다 조금 더 정확하게 무게를 재었기 때문이야.

아하! 개념

측정값은 얼마만큼 정확하게 재느냐에 따라 실제값과 다를 수 있다.

42 측정값은 실제값과 같다 (X)

43 130 초과이면 130을 포함한다(X)

이상하다, 이상해?

- 왜 회전목마는 탈 수 있고, 바이킹은 못 탈까?
- 130 초과와 130 이상은 어떤 차이가 있을까?

"130cm인 지호의 키가 30분 사이에 줄어들었을 리도 없는데 왜 회전목마는 탈 수 있고, 바이킹은 타지 못하는 걸까? 두 놀이 기구 모두에 130cm라고 써 있으니까 키가 130cm면 모두 탈 수 있는 것 아닌가?"

이상과 초과의 차이 때문에 지호는 회전목마를 탈 수 있었고, 바이킹은 탈 수 없었던 거야. 만약 이상과 초과의 차이를 알았다면, 지호가 저렇게 떼쓰지 않았을 거야. 하지만 일상생활에서 지호처럼 이상과 초과의 차이를 잘몰라 혼동해서 사용하는 경우가 종종 있어.

자! 지금부터 이상과 초과가 어떤 차이가 있는지 살펴보고 그와 비슷한 이하와 미만의 차이도 알아보자.

오개념탈출 이상, 이하, 초과, 미만

이상, 이하, 초과, 미만은 우리 주변 곳곳에서 볼 수 있어.

위와 같이 이상, 이하, 초과, 미만은 텔레비전, 우체국, 극장, 놀이 공원, 엘리베이터 등 우리 주변 곳곳에서 많이 볼 수 있어. 수의 범위가 필요한 곳에 말이야. 그럼 이상, 이하, 초과, 미만이 나타내는 수의 범위를 알아보고, 수직선으로도 나타내어 보자.

6 이상과 6 이하는 6을 포함해.

'이상'은 어떤 수와 같거나 어떤 수보다 큰 수를 나타내. 그러므로 6 이상인 수는 6과 6보다 큰 모든 수를 말해. 따라서 6 이상인 수는 6, 6.1, 6.2, ⋯, 115, ⋯ 가 돼. 이제 6 이상의 수를 수직선 위에 나타내어 보자.

6 이상은 6을 포함하므로 6 위에 안을 채운 점(●)을 찍고, 6보다 큰 수들이 있는 오른쪽으로 화살표를 그려서 나타내.

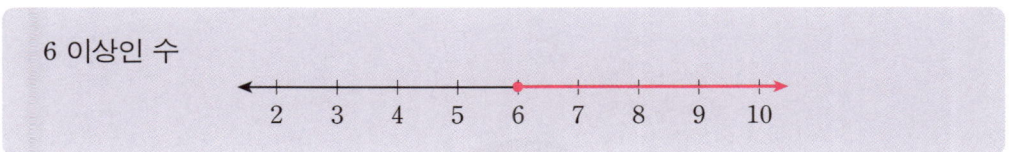

6 이상인 수

'이하'는 어떤 수와 같거나 어떤 수보다 작은 수를 나타내. 그러므로 6 이하인 수는 6과 6보다 작은 모든 수를 말해. 따라서 6 이하인 수는 6, 5.9, 0.12, 0, ⋯ 가 돼. 그럼 6 이하의 수를 수직선 위에 나타내어 보자.

6 이하는 6을 포함하므로 6 위에 안을 채운 점(●)을 찍고, 6보다 작은 수들이 있는 왼쪽으로 화살표를 그려서 나타내.

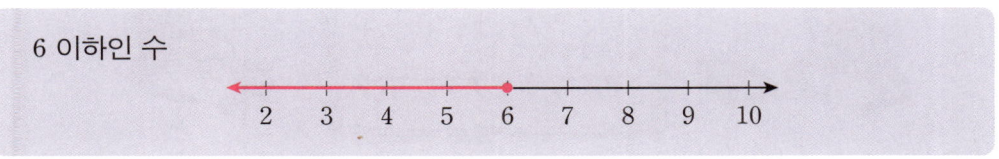

6 이하인 수

6 초과와 6 미만은 6을 포함하지 않아.

'**초과**'는 어떤 수보다 큰 수를 나타내. 따라서 6 초과인 수는 6보다 큰 모든 수인 6.11, 7, 100, …이 돼. 즉 6 초과인 수는 6을 포함하지 않아.

6 초과인 수를 수직선 위에 나타내 보자.

6 초과는 6 위에 안을 채우지 않은 점(○)을 찍고, 6보다 큰 수들이 있는 오른쪽으로 화살표를 그려서 나타내.

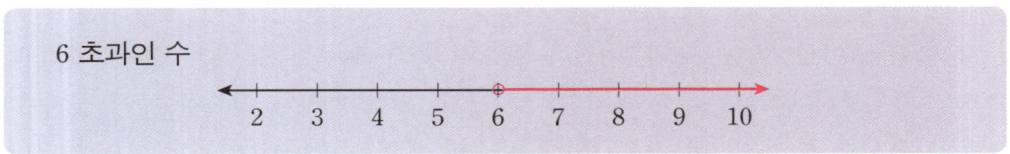

6 초과인 수

'**미만**'은 어떤 수보다 작은 수를 나타내. 따라서 6 미만인 수는 6보다 작은 모든 수인 5.99, 5, 0.26, 0, …이 돼. 즉 6 미만인 수는 6을 포함하지 않아.

6 미만인 수를 수직선 위에 나타내 보자.

6 미만은 6 위에 안을 채우지 않은 점(○)을 찍고, 6보다 작은 수들이 있는 왼쪽으로 화살표를 그려서 나타내.

6 미만인 수

'6 초과 12 미만'은 6보다 크고 12보다 작은 수를 나타 내.

 6 초과 12 미만에 속하는 수는 6보다 크고 12보다 작은 수를 나타내. 즉 6과 12를 포함하지 않고, 6과 12 사이의 수인 6.1, 7, 11 등과 같은 수야.
 이를 수직선 위에 나타내면 다음과 같아.

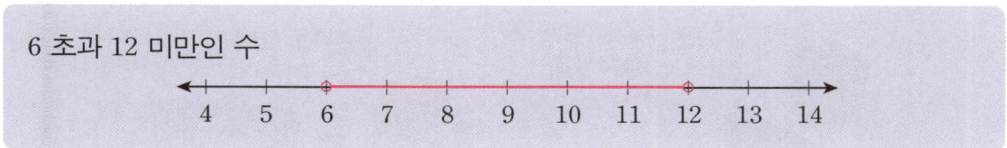

 '6 초과 12 이하인 수'는 6보다 크고, 12와 같거나 12보다 작은 수를 나타내.
 즉 6은 포함하지 않고 12를 포함하는 6과 12 사이의 수인 6.1, 7, 8, …, 12와 같은 수야.
 이를 수직선 위에 나타내면 다음과 같아.

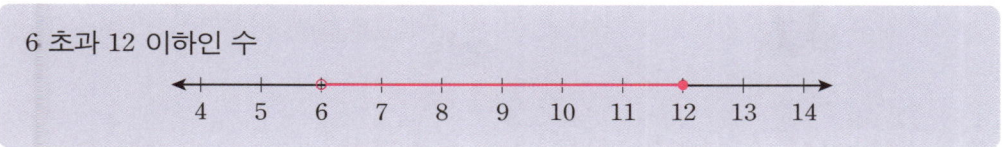

 '6 이상 12 미만인 수'는 6을 포함하고 12는 포함하지 않는 6과 12 사이의 수를,
 '6 이상 12 이하인 수'는 6과 12를 모두 포함하는 6과 12 사이의 수를 나타내.

 이젠 키가 130cm인 지호가 왜 회전목마는 탈 수 있고, 바이킹은 탈 수 없는지 알 수 있겠지? '130cm 이상 탑승 가능'이면 130cm를 포함하고, '130cm 초과'이면 130cm를 포함하지 않기 때문이야.

아하! 개념

130 이상, 130 이하는 130을 포함한다.
130 초과, 130 미만은 130을 포함하지 않는다.

5380을 반올림하여 천의 자리까지 나타내면 6000이다(X)

이상하다, 이상해?

- 엄마와 윤호가 생각하는 금액이 왜 다를까?
- 반올림은 어떻게 하는 걸까?
- 반올림하여 천의 자리까지 나타내면 얼마일까?

"이상하네? 무조건 5보다 작은 수는 버리고, 5와 같거나 5보다 큰 수이면 올림을 하잖아. 그럼 5380은 천의 자리 숫자가 5이니깐 당연히 올림을 해서 6000원이잖아. 그런데 엄마는 왜 1000원이나 적은 5000원을 주신 걸까?"

이는 윤호가 반올림에 대해서 정확히 알지 못하고 있기 때문에 실수한 거야. 반올림을 할 때 5보다 작으면 버리고, 5와 같거나 5보다 크면 올리는 것은 맞아. 하지만 나타내려는 자리에 따라 어느 자리에서 올리거나 버리는지가 매우 중요해.

자! 지금부터 반올림의 뜻을 알아보고, 나타내려는 자리에 따라 어느 자리에서 반올림을 해야 하는지 알아보자.

오개념 탈출 올림과 버림, 반올림

반올림을 할 때는 나타내려는 자리가 중요해.

'**반올림**'은 구하려는 수의 한 자리 아래 숫자 0부터 4까지일 때는 버림을 하고, 5부터 9까지일 때는 올림을 해서 나타내는 방법이야..

예를 들어 253을 반올림하여 십의 자리까지 나타내려면 일의 자리 숫자인 3을 버려 250이 되는 거야. 백의 자리까지 나타내면 십의 자리 숫자인 5를 올려 300이 돼.

즉 253을 십의 자리에서 반올림하면 300이 되므로 백의 자리까지 나타내게 되는 거야. 그리고 일의 자리에서 반올림하면 250이 되므로 십의 자리까지 나타내게 되는 거야.

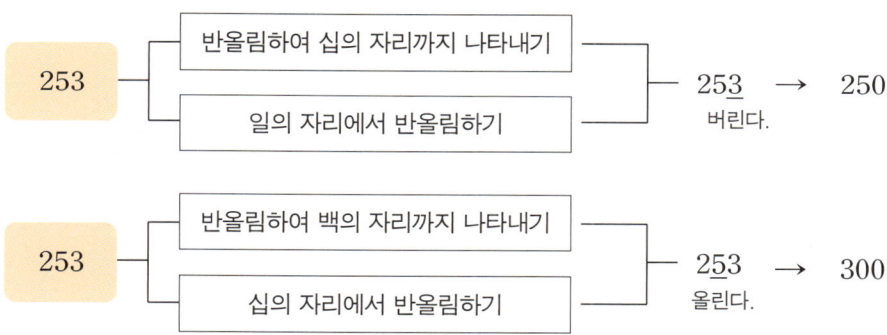

이젠 엄마 말이 맞다는 걸 알 수 있겠지? 5380을 반올림하여 천의 자리까지 나타내어 보자. 천의 자리까지 나타내려면 백의 자리 숫자에서 반올림하면 돼. 백의 자리 숫자가 3이므로 버림을 하면 5000이 되는 거야.

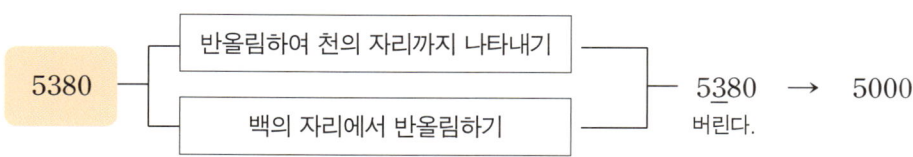

아하! 개념

5380을 반올림하여 천의 자리까지 나타내면 5000이다.

//은 평행선이 아니다(X)

이상하다, 이상해?

- 알리바바의 집은 어디일까?
- 평행은 무엇일까?
- 평행선은 무엇일까?

"도대체 어디가 알리바바의 집이라는 말이야? 평행선은 ══ 이렇게 두 선이 나란히 있어야 하는 거잖아. 그런데 ══ 모양은 눈을 씻고 찾아봐도 없는데? 아마도 평행선을 잘 모르는 부하가 선을 그려 두었나봐."

이는 두 직선이 나란히 있어야만 평행하다고 생각해서 생긴 오개념이야. 평행과 평행선의 뜻을 정확히 알면 알리바바의 집이 어디인지 금세 알 수 있어.

자! 지금부터 평행이 무엇인지, 평행선은 무엇인지 그 뜻을 살펴보고, 평행선을 찾는 방법에 대해 알아보기로 하자.

오개념 탈출 평행선

두 직선이 만나지 않으면 평행해.

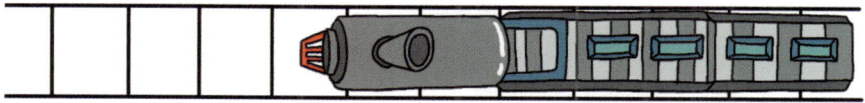

기찻길의 철로는 아무리 늘어나도 만나지 않아. 이렇게 기찻길의 철로처럼 두 직선이 서로 만나지 않는 경우를 '**평행**'이라고 해. 이때, 그 두 직선을 '**평행선**'이라고 해.

직선 선분을 양쪽으로 끝없이 늘인 곧은 선

그럼 왼쪽 그림의 각 문에 그려진 선 중 어느 것이 평행선인지 알아보기로 하자. 먼저 두 선을 각각 양쪽으로 늘여보자.

첫 번째 빨간색 두 직선과 세 번째 노란색 두 직선은 끝없이 늘이면 만나. 따라서 평행선이 아니야. 하지만 두 번째 보라색 두 직선은 아무리 늘여도 만나지 않으므로 평행선이야.

이젠 알리바바의 집을 찾을 수 있겠지? 알리바바의 집은 바로 두 번째 집이야.

흔히 평행선은 반듯이 ══ 이런 모양이어야 한다고 생각하는 경우가 있어. 하지만 평행선은 모양과 상관없이 아래와 같이 두 직선을 양쪽으로 끝없이 늘여도 만나지 않으면 돼.

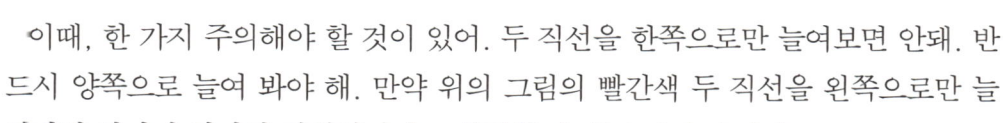

이때, 한 가지 주의해야 할 것이 있어. 두 직선을 한쪽으로만 늘여보면 안돼. 반드시 양쪽으로 늘여 봐야 해. 만약 위의 그림의 빨간색 두 직선을 왼쪽으로만 늘였다면 만나지 않아서 평행선이라고 착각할 수 있으니까 말이야.

아하! 개념

// 은 양쪽으로 한 없이 늘여도 만나지 않으므로 평행선이다.

46 평행선 위의 두 점을 이으면 모두 평행선 사이의 거리이다(X)

이상하다, 이상해?

- 왜 선로가 남는 걸까?
- 평행선 사이의 거리는 무엇일까?
- 평행선 사이의 거리는 어떻게 재야 할까?

"이상하다? 평행인 두 직선 위의 두 점을 이은 선이면 모두 평행선 사이의 거리 아닌가? 조수 아저씨는 평행인 두 직선 위의 두 점을 이어서 거리를 재었잖아. 그런데 왜 선로가 남는 걸까?"

이는 평행선 사이의 거리를 어떻게 재는지 알지 못하기 때문에 생긴 일이야. 평행인 두 직선 위의 두 점을 이은 선분이 모두 평행선 사이의 거리는 아니거든. 조수 아저씨도 이것을 잘못 알고 있어서 이런 일이 생긴 것 같아.

자! 지금부터 평행선 사이의 거리가 무엇이고, 그 길이는 어떻게 재는지 알아보자. 그리고 평행선 사이의 거리는 어떤 성질을 가지고 있는지도 함께 알아보도록 하자.

오개념 탈출 평행선 사이의 거리

평행선 사이의 선분 중 가장 짧은 선분이 평행선 사이의 거리야.

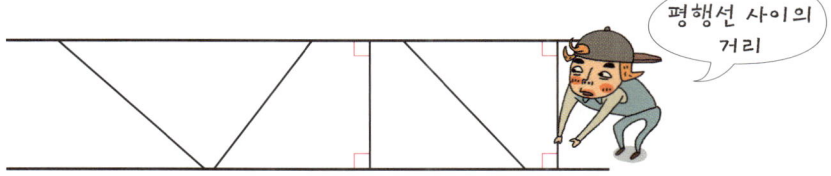

평행선 위의 두 점을 잇는 선분은 무수히 많이 그릴 수 있어. 그 선분들 중에서 가장 짧은 길이를 찾아봐. 그 선분의 길이가 바로 평행선 사이의 거리야. 즉 평행선 사이의 선분 중에서 평행선과 수직으로 만나는 선분의 길이를 '**평행선 사이의 거리**'라고 해.

이 평행선 사이의 수직인 선분은 무수히 많이 그릴 수 있어. 평행선 사이의 거리를 아래와 같이 그어 봐. 물론 어느 위치에 그어도 그 거리는 모두 같을 거야. 반대로 만약 평행선 사이의 거리가 일정하지 않다면 두 직선은 평행선이 아닌 거야.

이젠 조수 아저씨가 어떤 실수를 한 지 알겠지? 두 직선에 수직으로 길이를 재지 않았기 때문이야.

평행선 사이의 거리를 알면 도형의 높이를 찾을 수 있어.

사다리꼴에는 한 쌍의 평행인 변이 있어. 이 평행인 두 변 사이에 수직으로 그은 선분의 길이(아랫변과 윗변 사이의 거리)가 사다리꼴의 높이가 되는 거야. 평행사변형도 마찬가지로 평행한 두 변(밑변) 사이의 수직인 선분의 길이가 평행사변형의 높이가 돼.

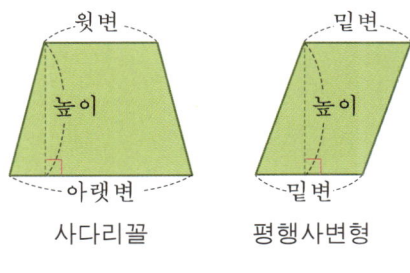

사다리꼴   평행사변형

아하! 개념

평행선 사이의 거리는 평행선 사이의 수직으로 만나는 선분의 길이이다.

46 평행선 위의 두 점을 이으면 모두 평행선 사이의 거리이다 (X)

47 육각형의 대각선은 3개이다 (X)

이상하다, 이상해?

- 육각형이 그려진 보물 상자는 왜 열리지 않은 걸까?
- 한 점에서는 대각선을 한 개만 그을 수 있을까?
- 육각형의 대각선은 몇 개 그을 수 있을까?

"육각형이 그려진 보물 상자가 고장이 난 건 아닐까? 왜 안 열리지? 대각선은 마주 보는 꼭짓점끼리 이으면 되는 거 아닌가? 사각형을 마주보는 꼭짓점끼리 연결하여 그리니까 열리는 데, 왜 육각형은 열리지 않는 거야? 그리고 모든 꼭짓점을 빼놓지 않고 한 개씩 이었는데 말이야."

육각형에 대각선을 모두 그리지 않아서 보물 상자가 열리지 않은 거야. 대각선은 한 꼭짓점에 한 개씩만 그릴 수 있는 것이 아니거든.

자! 지금부터 대각선의 뜻을 알아보고, 도형에 대각선을 그려 보자. 그리고 육각형의 대각선이 몇 개인지도 알아보자.

오개념 탈출 대각선

대각선은 서로 이웃하지 않은 두 꼭짓점을 이어야 해.

다각형의 이웃하지 않은(바로 옆에 있지 않은) 두 꼭짓점을 이은 선분을 '**대각선**'이라고 해. 지금부터 삼각형, 사각형, 오각형, 육각형의 대각선의 개수를 알아보자.

삼각형에는 이웃하지 않는 꼭짓점이 없어. 따라서 대각선도 그릴 수 없어.

사각형의 한 꼭짓점의 이웃하지 않는 꼭짓점은 1개야. 각 꼭짓점과 이웃하지 않는 꼭짓점을 잇고, 중복되는 선을 제외하면 대각선은 모두 2개야.

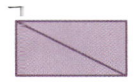 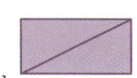  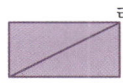 

오각형의 한 꼭짓점의 이웃하지 않는 꼭짓점은 2개씩이야. 각 꼭짓점에서 대각선을 그리고, 중복되는 선을 제외하면 대각선은 모두 5개야.

 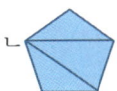 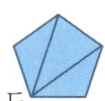  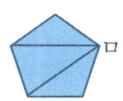  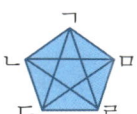

육각형의 한 꼭짓점의 이웃하지 않는 꼭짓점은 3개씩이야. 각 꼭짓점에서 대각선을 그리고, 중복되는 선을 제외하면 대각선은 모두 9개야.

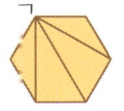 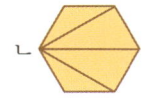 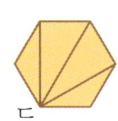 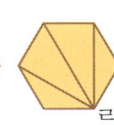 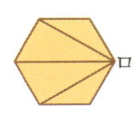 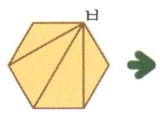 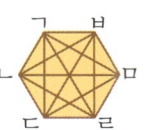

이젠 육각형이 그려진 보물 상자가 왜 열리지 않았는지 알 수 있겠지? 대각선을 한 꼭짓점에 하나씩밖에 그리지 않았기 때문이야.

아하! 개념

대각선은 서로 이웃하지 않은 두 꼭짓점을 이은 선분이다.

/의 수선은 /-이다(X)

이상하다, 이상해?

- 왜 문이 열리지 않는 걸까?
- 수선은 무엇일까?
- 수선은 어떻게 그어야 할까?

"왜 문이 열리지 않는 거지? 직선에 수선을 그을 때는 옆으로 반듯하게 선을 그으면 되잖아. 엘리스는 선을 기울어지게 긋지 않았고, 구불구불하게 긋지도 않았잖아. 직선에 옆으로 반듯하게 선을 그었는데? 이상하네? 혹시 수선을 더 많이 그어야 하는 건가?"

이렇게 생각했다면 수선의 뜻을 잘 모르고 있는 거야. 옆으로 반듯하게 선을 긋는다고 수선이 되는 건 아니거든.

자! 지금부터 수선의 뜻을 알아보고, 수선을 어떻게 그어야 하는지 그 방법에 대해서도 알아보기로 하자.

오개념탈출 수선

두 직선이 서로 수직일 때 수선이 돼.

위의 파란색 직선과 노란색 직선은 만나서 서로 직각(90°)을 이루고 있어. 이렇게 두 직선이 만나서 이루는 각이 직각일 때 두 직선은 서로 '**수직**'이라고 하고, 두 직선이 수직일 때 한 직선을 다른 직선에 대한 '**수선**'이라고 해. 즉 파란색 직선은 노란색 직선에 대한 수선이고, 노란색 직선은 파란색 직선에 대한 수선이야.

수선은 삼각자, 각도기 등을 이용해서 그을 수 있어.

삼각자와 각도기를 이용해 수선을 그어 보자.

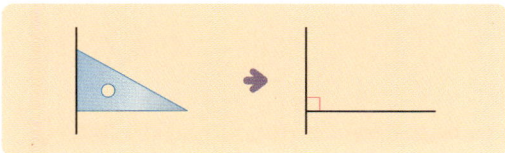

삼각자를 이용하면, 삼각자의 직각 부분과 직선을 왼쪽 그림과 같이 놓고 직선을 그으면 수선을 그을 수 있어.

각도기를 이용하면, 아래와 같이 각도기의 밑금을 직선 ㄱㄴ에 맞추고 각도기의 중심에 점 ㄷ을 찍어. 그 다음 각도기의 90°가 되는 눈금 위에 점 ㄹ을 찍고, 점 ㄷ과 점 ㄹ을 지나는 직선을 그으면 수선을 그릴 수 있어.

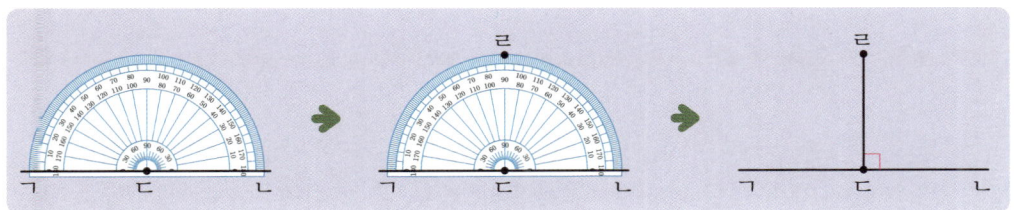

이젠 왜 문이 열리지 않았는지 알 수 있겠지?
수선은 옆으로 반듯하게 긋는 것이 아니라 오른쪽처럼 두 직선이 서로 수직이 되게 그어야 해.

아하! 개념

╱ 의 수선은 ＼ 이다.

2000g은 0.9kg보다 가볍다(X)

이상하다, 이상해?

- 듬직 햄스터는 왜 자기가 이겼다고 생각했을까?
- 2000g과 0.9kg 중 어느 것이 더 무거운 것일까?
- kg과 g은 무엇이고, 어떤 관계가 있을까?

"말도 안 돼. 어떻게 g이 kg보다 무겁다고 하는 거야? g은 개미, 풍선, 연필처럼 가벼운 물건의 무게를 나타낼 때 사용하고, kg은 코끼리, 나무, 책가방처럼 무거운 무게를 나타낼 때 사용하잖아. 그러니까 kg이 g보다 무거운 거 아니야? 아무래도 심판이 무게의 비교를 잘못한 것 같아."

듬직 햄스터가 우승했다고 생각한다면, 이는 kg과 g 사이의 관계를 잘 모르고 있는 거야. 무게를 비교할 때는 단순히 수의 크기만을 비교하는 것이 아니라 단위를 같게 맞춘 후에 비교해야 하거든.

자! 지금부터 kg과 g이 어떤 관계가 있는지, 무게의 비교를 어떻게 하는지 알아보자.

오개념탈출 무게, 무게의 단위

1kg은 1000g과 같아.

"내 몸무게는 45kg이고, 메뚜기의 무게는 2g이다." 처럼 무게를 나타내는 단위로 kg이나 g을 많이 사용해. 주로 g은 클립, 동전, 곤충, 연필 등 가벼운 물건의 무게를 나타낼 때 사용하고, kg은 코끼리, 책, 가방 등 무거운 물건의 무게를 나타낼 때 사용해.
1g은 1 그램, 1kg은 1 킬로그램 이라고 읽어.
이때, 1kg은 1000g과 같아.

무게를 비교하려면 단위를 통일한 다음 비교해.

300g   2kg   1kg   1500g

위의 채소와 과일의 무게를 비교해 보자. kg을 g으로 바꾸면, 2kg은 2000g, 1kg은 1000g이야. 따라서 무거운 순서대로 나열하면 (수박) - (호박) - (배) - (사과) 순이야. 이처럼 g과 kg 단위의 무게를 동시에 비교할 때에는 단위를 하나로 통일한 다음에 비교해.

이제 0.9kg의 역기와 2000g의 역기의 무게를 비교해 보자.

g을 kg으로 바꾸면, 2000g은 2kg으로 0.9kg<2kg이야. 따라서 2000g이 0.9kg보다 더 무거우므로 깜찍 햄스터가 승리한 거야.

시시콜콜이야기 - 생활 속 무게의 단위

쇠고기 1근, 돼지고기 1근 등 고기 1근은 600g을 말해요.
토마토 1관, 감자 1관 등 채소 1관은 3750g을 나타내요.
금 1돈은 3.75g을 나타내요.

아하! 개념

2000g은 2kg이므로 0.9kg보다 무겁다.

2000g은 0.9kg보다 가볍다 (X)

위로 뒤집기 한 모양과 반 바퀴 돌리기 한 모양은 같다(X)

이상하다, 이상해?

- 왜 알리바바는 문을 열지 못했을까?
- 6을 위로 뒤집기 하면 어떤 모양이 될까?
- 6을 반 바퀴 돌리기 하면 어떤 모양이 될까?

"이상하네? T를 반 바퀴 돌리기 하면 ⊥이고, 위로 뒤집기 해도 ⊥이잖아. 그럼 6을 위로 뒤집기 한 모양이 ㄹ이므로, 반 바퀴 돌리기 한 모양도 ㄹ 아닌가? 그런데 왜 문이 열리지 않지? 혹시 문이 고장난 거 아닐까?"

이렇게 생각했다면 돌리기와 뒤집기에 대하여 아주 큰 오개념을 가지고 있는 거야. T처럼 반 바퀴 돌리기 한 모양과 위로 뒤집기 한 모양이 항상 같지는 않아.

자! 지금부터 뒤집기와 돌리기의 방법을 알아보고, T과 6을 돌리기하고 뒤집기 한 모양이 어떻게 다른지 알아보자.

오개념 탈출 뒤집기와 돌리기

뒤집기와 돌리기는 전혀 다른 방법이야.

'**뒤집기**'는 도형이나 글자를 한 직선을 기준으로 위, 아래, 왼쪽, 오른쪽으로 뒤집는 것을 말하고, '**돌리기**'는 한 점을 중심으로 90°( ), 180°( ), 270°( ), 360°( )로 돌리는 것을 말해.

왼쪽 그림의 문에 그려진 도형을 뒤집기 하고, 돌리기 하면 다음과 같아.

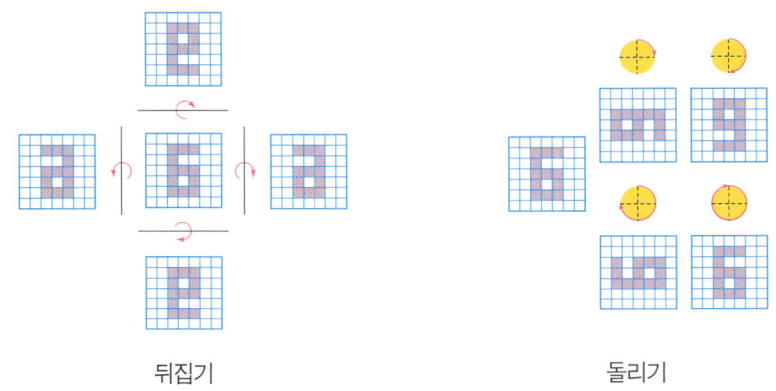

뒤집기 　　　　　　　　 돌리기

먼저 도형을 뒤집기 한 모양을 살펴보자. 그러면 위와 아래로 뒤집기 한 모양과 왼쪽과 오른쪽으로 뒤집기 한 모양이 서로 같아.

도형을 돌리기 한 모양을 살펴보자. 도형을 한 바퀴( ) 돌리면 처음 모양과 같아. 하지만 위로 뒤집은 모양과 반 바퀴( ) 돌린 모양은 같지 않아.

이렇게 돌리기 한 모양과 뒤집기 한 모양은 서로 비슷하게 보이긴 해도 그 모양이 항상 같지는 않아.

하지만, T처럼 세로로 반을 접었을 때, 완전히 겹치는 도형은 위 또는 아래로 뒤집기 한 모양과 반 바퀴 돌리기 한 모양이 같아.

이젠 왜 문이 열리지 않았는지 알겠지? 알리바바는 T처럼 특별한 경우만 생각하고, 6도 그럴 거라고 착각한 거야. 따라서 6을 반 바퀴 돌리기 한 그림인 9를 그려 넣어야 해.

50 위로 뒤집기 한 모양과 반 바퀴 돌리기 한 모양은 같다 (X)

글자를 돌리기하거나 뒤집기해서 글자가 되게 해 보자.

글자를 뒤집기 하거나 돌리기하면 어떻게 될까? 다시 글자가 될까? 글자 '응'을 뒤집어보고 돌려보자.

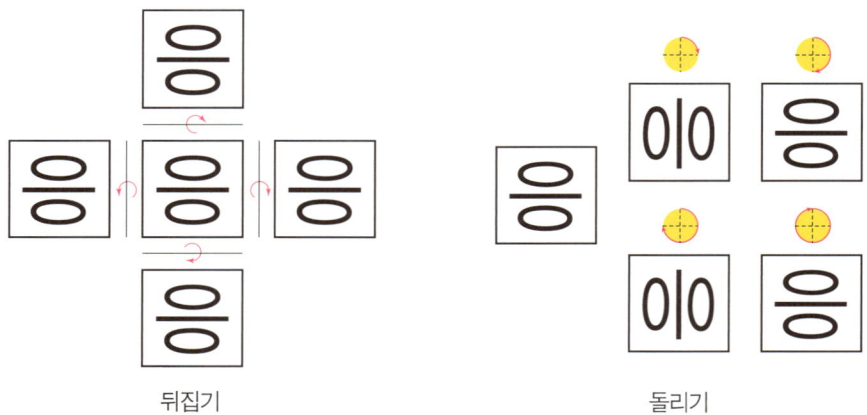

글자 '응'을 뒤집기 했을 때는 모두 '응'이라는 글자가 돼. 하지만 '응'을 돌리기를 했을 때에는 모든 경우에 글자가 되는 것이 아니야. 360° 돌리기를 했을 때는 원래의 모양과 같아지니까 글자 '응'이 되고, 180° 돌렸을 때에도 위와 아래가 바뀌지만 역시 글자 '응'이 돼. 90°나 270° 돌렸을 때에는 글자가 되지 않아.

그럼 '응'처럼 모든 글자를 뒤집거나 돌려보면 글자가 되는 걸까? 글자 '곰'을 뒤집어보고 돌려보자.

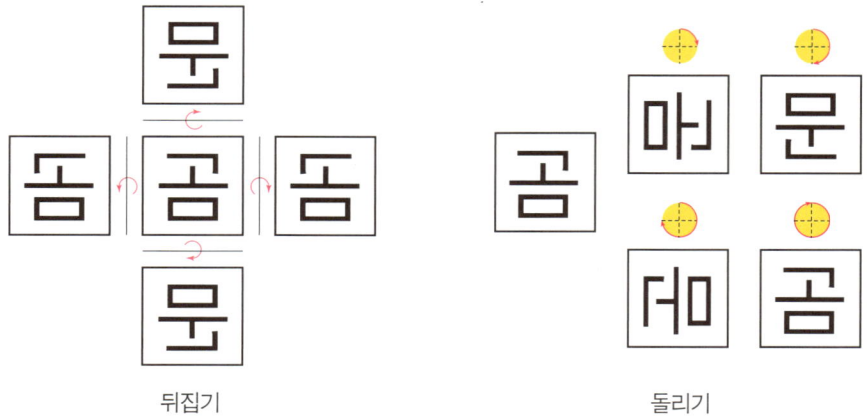

글자 '곰'을 뒤집기하면 어느 방향으로 뒤집어도 글자가 되지 않아. 하지만 '곰'을 돌려보면 180° 돌리기를 했을 때와 360° 돌리기 했을 때 글자가 돼. 180° 돌리기를 하면 글자의 위와 아래가 바뀌어서 '문'이라는 글자가 되고, 360° 돌리기를 하면 원래의 모양과 같아지니까 그대로 '곰'이 돼.

그런데 혹시 글자 '곰'을 뒤집기만으로 '문'으로 만들 수 있는 방법은 없을까? 뒤집기와 돌리기를 했을 때 모양이 어떻게 바뀌는지를 잘 생각해보면 뒤집기만 해서 '곰'을 '문'으로 바꿀 수 있어.

글자 '를'은 180° 돌리기를 했을 때 다시 '를'이라는 글자가 돼. 또 글자 '를'을 아래로 뒤집었을 때에는 글자가 되지 않지만, 아래로 뒤집은 모양을 다시 옆으로 뒤집으면 '를'이라는 글자가 되는 것을 알 수 있어. 또한 글자 '몸'을 180° 돌리면 글자 '뭄'이 돼. 그리고 글자 '몸'을 아래로 뒤집었을 때 '뭄'이라는 글자가 되고, 다시 옆으로 뒤집으면 역시 '뭄'이라는 글자가 되는 것을 알 수 있지.

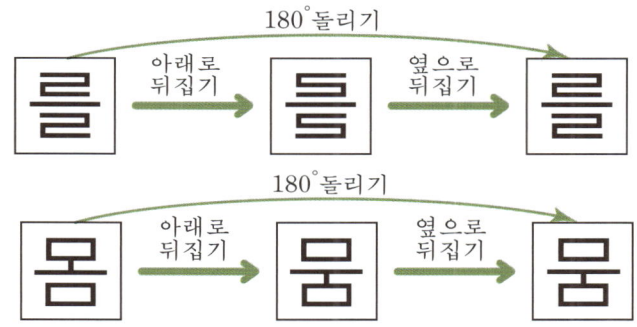

이처럼 아래로 뒤집기를 하고 다시 옆으로 뒤집기를 한 모양은 원래의 모양을 180° 돌리기 한 모양과 같아. 그럼 '곰'을 '문'으로 만들려면 180° 돌리기를 해야 하는 거니까 아래로 뒤집고 다시 옆으로 뒤집으면 되겠지?

이렇게 글자를 뒤집거나 돌려보면 원래의 글자가 되기도 하고 새로운 글자가 만들어지기도 해.

아하! 개념

모양을 위로 뒤집은 모양과 반 바퀴 돌린 모양이 항상 같은 것은 아니다.
글자를 뒤집거나 돌렸을 때 항상 글자가 되는 것은 아니다.

용어 찾아보기

ㄱ
가볍다	23
각	54, 55, 56, 57, 58, 59, 79, 84
각도	59, 60, 61
꼭짓점	55, 61, 79, 87, 122, 123
곡선	33, 55
공 모양	57
구	57
기수	19
길다	23
길이 재기	32, 33, 34, 35

ㄴ
낮다	23
높다	23

ㄷ
다각형	84, 85
대각선	122, 123
대소수	105
도형	57, 85, 91
돌리기	128, 129, 130, 131
둔각	59, 82, 83
둔각삼각형	82, 83
둥근 기둥 모양	57
뒤집기	128, 129, 130, 131
등호	64, 65, 66, 67

ㄹ
로마자	17

ㅁ
마름모	87, 88, 89
많다	22, 23
몇 배	38, 39
무겁다	23
미만	112, 113, 114, 115

ㅂ
반올림	116, 117
버림	116, 117
변	55, 61, 79, 81, 85, 87, 88
부등변삼각형	79
분모	100, 101
분수	100, 101
분자	100, 101
뼘	28, 29

ㅅ
사각형	57, 84, 85, 86, 87, 123
사다리꼴	87, 88, 89, 121
삼각형	57, 78, 79, 84, 85
상자 모양	57
서수	19
선	24, 25, 26, 27, 30, 31, 54
선분	27, 79, 80, 81, 85, 121
소수	104, 105, 106, 107, 108, 109
소수점	108, 109
수	16, 17
수 읽기	21
수직	33, 125
수직선	62, 63

순소수	105
숫자	16, 17
시각	44, 45, 50, 51, 52, 53
시간	44, 45, 47, 48, 49 50, 51, 52, 53
수선	124, 125

ㅇ

아라비아숫자	17
예각	59, 82, 83
예각삼각형	83
오각형	84, 85, 123
올림	116, 117
원	57, 85, 90, 91, 92, 93
원기둥	57
원의 반지름	93
원의 중심	91, 93
원의 지름	91, 93
육각형	84, 85, 122, 123
이등변삼각형	79
이상	112, 113, 114, 115
이하	112, 113, 114, 115
입체도형	57

ㅈ

자릿값	41
작다	22, 23
적다	22, 23
점	57
정다각형	85
정사각형	85, 86, 87, 88, 89
정삼각형	79, 85

직각	59, 82, 83, 87, 88 89, 125
직각삼각형	83
직사각형	86, 87, 88, 89
직선	26, 27, 55, 119, 125
직육면체	57
진분수	104, 105
짧다	23

ㅊ

초과	112, 113, 114, 115
측정값	110, 111

ㅋ

크다	22, 23

ㅍ

평각	59
평면도형	57
평행	87, 88, 89, 118, 119
평행사변형	87, 88, 89, 121
평행선	118, 119, 120, 121
평행선 사이의 거리	120, 121

ㅎ

혼합 계산	70, 71

1장

01 9는 4보다 큰 숫자이다(X)	1-1 1. 9까지의 수
02 네 개와 넷째는 같다(X)	
03 8살은 팔 살, 5세는 다섯 세(X)	1-1 1. 9까지의 수
	1-2 1. 100까지의 수
04 점의 개수가 크다(X)	1-1 4. 비교하기
05 모든 선은 곧다(X)	1-2 2. 여러 가지 모양
06 짧은 직선과 긴 직선이 있다(X)	
07 한 뼘의 길이는 모두 같다(X)	2-1 4. 길이 재기
08 곧은 선은 길고, 굽은 선은 짧다(X)	
09 키를 구불구불 잰다(X)	
10 자의 끝에서부터 길이를 잰다(X)	
11 3의 2배는 9이다(X)	2-1 6. 곱셈
12 519에서 나타내는 수가 가장 작은 숫자는 1이다(X)	2-1 1. 100까지의 수

2장

13 "현재 시간은 9시입니다"(X)	1-2 4. 시계 보기(X)
14 1시간 25분은 125분이다(X)	2-2 4. 시각과 시간(X)
15 1년 반은 1년 5개월이다(X)	3-1 5. 시간과 길이
16 1시부터 3시까지는 4시간(X)	
17 뾰족하면 모두 각이다(X)	3-1 2. 평면 도형
18 각은 도형이 아니다(X)	
19 각은 모두 뾰족하다(X)	
20 각의 변이 길면 각도도 크다(X)	
21 8-5+3의 값은 8이다(X)	1-1 3. 덧셈과 뺄셈
22 3+2= 5 +1(X)	1-2 3. 덧셈과 뺄셈(1)
23 42+4+7=42+4=46+7=53(X)	1-2 5. 덧셈과 뺄셈(2)
24 '나눠준다'는 무조건 ÷로 계산한다(X)	3-1 3. 나눗셈
25 무조건 ×, ÷부터 계산한다(X)	4-1 5. 혼합계산

3장

26 50℃의 물에 50℃의 물을 더 부으면 100℃이다(X)	2-1 3. 덧셈과 뺄셈
27 2km 63m＝263m(X)	3-1 5. 시간과 길이
28 ▰도 삼각형이다(X)	3-1 2. 평면 도형
29 선분 3개만 있으면 삼각형을 만들 수 있다(X)	4-1 3. 각도와 삼각형
30 둔각삼각형의 세 각은 둔각이다(X)	
31 ╱ 은 다각형이다(X)	2-1 2. 여러 가지 도형
	4-2 3. 다각형
32 직사각형은 정사각형이다(X)	2-1 2. 여러 가지 도형
	3-1 2. 평면 도형
	4-2 3. 다각형
33 ⬭도 원이다(X)	3-2 3. 원
34 원 위의 두 점을 이으면 원의 지름이 된다(X)	
35 폭을 똑같이 자르면 똑같이 나누어 진다(X)	3-1 6. 분수와 소수
36 100mL의 $\frac{1}{2}$mL는 500mL이다(X)	3-1 6. 분수와 소수
37 $\frac{2}{3}$는 $\frac{1}{3}$보다 항상 크다(X)	3-2 4. 분수
38 $\frac{1}{3}+\frac{1}{3}=\frac{2}{6}$(X)	3-2 4. 분수

4장

39 모든 소수는 1보다 작다(X)	3-1 6. 분수와 소수
40 0.12가 0.8보다 크다(X)	
41 14.028은 십사점 이팔(X)	
42 측정값은 실제값과 같다(X)	4-2 4. 어림하기
43 130초과이면 130을 포함한다(X)	
44 5380을 반올림하여 천의 자리까지 나타내면 6000이다(X)	
45 ╱ 은 평행선이 아니다(X)	4-2 2. 수직과 평행
46 평행선 위의 두 점을 이으면 모두 평행선 사이의 거리이다(X)	
47 육각형의 대각선은 3개이다(X)	4-2 3. 다각형
48 ╱ 의 수선은 ╱ 이다(X)	4-2 2. 수직과 평행
49 2000g은 0.9kg보다 가볍다(X)	3-2 5. 들이와 무게
50 위로 뒤집기 한 모양과 반 바퀴 돌리기 한 모양은 같다(X)	5-2 2. 합동과 대칭

거꾸로 수학1

글 방정숙
그림 서춘경

1판 1쇄 발행 2009년 3월 25일
개정 2판 1쇄 발행 2016년 4월 18일

펴낸이 김영곤 **펴낸곳** ㈜북이십일 아울북
교육출판팀장 신정숙
기획개발 이장건
영업마케팅 안형태 이정호 김창훈 오하나 김은지

출판등록 2000년 5월 6일 제 406-2003-061호
주소 (우 10881) 경기도 파주시 회동길 201(문발동)
전화 031-955-2167(영업마케팅) 031-955-2157(기획편집) 031-955-2177(팩스)
홈페이지 www.book21.com

ISBN 978-89-509-6434-4 74400
Copyright ⓒ ㈜북이십일 아울북, 2016
책값은 뒤표지에 있습니다.

이 책 내용의 일부 또는 전부를 재사용하려면 반드시 ㈜북이십일의 동의를 얻어야 합니다.
잘못 만들어진 책은 구입하신 서점에서 교환해 드립니다.